GEORG FRABERGER

EIN ZIEMLICH GUTES LEBEN

© 2014 Ecowin, Salzburg
by Benevento Publishing
Eine Marke der Red Bull Media House GmbH

Lektorat: Martina Paischer
Art Direction: Peter Feierabend
Covergestaltung und Satz: Frank Behrendt
Coverfoto: Andreas Hofer
Fotos Innenteil: Privatbilder Georg Fraberger

ISBN: 978-3-7110-0061-3
1 2 3 4 5 6 7 8 / 16 15 14
www.ecowin.at

Printed in Europe

GEORG FRABERGER

EIN ZIEMLICH GUTES LEBEN

ecoWIN

ZUM GELEIT

*Die Wissenschaft, die Liebe und das Glück sind frei
und sollen es auch bleiben.*

*Diese Erkenntnis verdanke ich nicht nur meinen
Eltern und meiner Familie, sondern auch meinen
Kollegen, Freunden, Patienten und all jenen die
mich nicht verstehen und umgekehrt. Ihnen allen ist
dieses Buch gewidmet.*

INHALTSVERZEICHNIS

VORWORT **9**

EINLEITUNG **13**

WO BEGINNT DAS GLÜCK? **31**

Ein ganz normales Leben 39

Das Denken bestimmt das Handeln 42

Was die anderen von mir denken 53

Ein Teil in mir 64

Ein Rezept für ein ziemlich gutes Leben .. 73

DEM KONZEPT DER SEELE FOLGEND **83**

Wieso lesen? 89

WAS IST WIRKLICH WICHTIG? **93**

Werde, der du bist 98

Mut zur Lücke 107

Umgang mit sozialen Kontakten 115

Sich zu erkennen geben 118

Mut zum Scheitern 123

Menschliche Grundbedürfnisse 126

MOTIVATION = ENERGIE SICH ZU ZEIGEN ... 133

Sexualität als Identität 138

Sexualität und Treue 144

DER MENSCH ALS STIMMUNGSTIER 147

Mut zum Scheitern in der Liebe 153

Scheitern am Beispiel Burnout 155

Was kann man tun? 160

Energie folgt der Aufmerksamkeit 164

Meine Rolle als Mann 166

WERTE UND IDEEN WEITERGEBEN 187

WERTE ERKENNEN KÖNNEN 191

Entwicklung zulassen 198

Rolle – Funktion – Person 205

Glück und Empathie 208

Wachsen durch Leid 211

Führen durch Vorbildwirkung 216

Ein gutes Leben durch Leistung 224

AUSBLICK AUF EIN ZIEMLICH
GUTES LEBEN 231

LITERATUR 237

VORWORT

Auch das gute Leben hat seinen Ursprung wie jedes Gefühl, jede Bewegung und jede Beziehung, im Denken. Als Psychologe kann ich mir den Luxus gönnen, nicht nur privat, sondern auch beruflich, darüber nachzudenken, was ein gutes Leben ausmacht. Es wird sogar von mir erwartet. So beschäftige ich mich nicht nur damit, was man tut, sondern damit, weshalb man es tut.

Bewegung ist in jedem Körper prinzipiell gesund und zählt zu einem guten Leben. In der Früh aufzustehen, eine Runde zu laufen und sich dann mit dem beruhigenden Gedanken an den Frühstückstisch zu setzen, dass man die bevorstehenden Kalorien bereits abgebaut hat, ist eine Einstellung, die nur scheinbar ein gutes Leben verspricht. Man läuft sprichwörtlich etwas hinterher: Einem Mangel, der ausgeglichen werden muss. Diese Denkmuster des Mangels fühlt man in Form von innerer Unruhe, Unzufriedenheit, Nervosität, Ängstlichkeit und Sorge. So gesund Sport sein mag, zu denken, dass wirkliches Wohlbefinden erst dann entstehen kann, wenn zuvor etwas geleistet wurde, ist ungesund. Denn spätestens dann, wenn man nicht mehr laufen kann, führt das zum Unglück. Das gilt für jeden Lebensbereich, nicht nur für den Sport.

Ich habe aus meiner eigenen Erfahrung im Umgang mit Behinderung und auch aus zahlreichen Schicksalen von Patienten erfahren können, dass ein gutes Leben nicht aus dem Mangeldenken heraus entsteht, sondern aus dem genauen Gegenteil. Neugierde, Interesse und Freude am Tun sollten die Gründe sein, warum man laufen geht, arbeitet oder sich einem bestimmten Hobby widmet.

Ein gutes Leben kann weder vererbt, verdient, geschenkt, oder gegeben werden. Mit sich selbst etwas anzufangen, muss jeder lernen: mit den Möglichkeiten und dem Körper der einem gegeben wurde, mit der großen oder kleinen Geldbörse, mit all den Umständen, die einen manchmal beinahe in den Wahnsinn oder zur Verzweiflung treiben können. Um sich hierfür zu motivieren, muss man sich seines eigenen Wertes bewusst sein. Man muss sich dazu nicht extra groß und wertvoll machen, sondern einfach nur darauf achten, sich nicht mehr klein zu machen und die Aufmerksamkeit nicht mehr auf einen Mangel zu richten. Denn jeder von uns hat Mängel.

Ich versuche in diesem Buch zu beschreiben, wie man erkennen kann, was das Glück ist, wie man lernen kann, die Kleinigkeiten im Alltag zu beachten, auf die es ankommt. Hierdurch erlangt man Ausgeglichenheit und kann sich darauf konzentrieren, was das Leben ausmacht.

EINLEITUNG

Jeder Mensch lebt sein Leben. Aber nicht jeder Mensch lebt das Leben, das er gerne hätte. Wir müssen lernen, unser Leben so zu führen, dass wir uns dabei wohlfühlen. Gut gilt gemeinhin ein Leben, das ausgeglichen ist. Ausgeglichen, auch wenn man nicht verstanden oder sogar kritisiert wird dafür, seinen eigenen Weg zu gehen. Wirklich gut lebt, wer alles hat und doch nichts braucht, wer völlig selbständig und doch nicht allein ist, wer attraktiv und sexy wirkt aber sich gleichzeitig natürlich und ungezwungen verhält. Das ist wichtig für die Liebe und die Arbeit, die mit immer neuen Werten und Anforderungen Druck ausüben und das innere Gleichgewicht stören können.

Diese Balance ist ein Akt, der nur gelingt, wenn man sich selbst achtet und schätzt als der, der man ist. Ausgeglichen und zufrieden in jedem Körper und in jeder Situation. Ausgeglichen nicht als passiv und selbstgefällig, sondern als stimmungsmäßig zufrieden. Ein Lernprozess der Wertschätzung, der mit jeder körperlichen Veränderung neu beginnt. Jede Falte, jede Narbe kann die Stimmung trüben und damit auch die Liebe zu sich und das Mitgefühl für andere Menschen einschränken. Doch ab wann beginnt das gute Leben? Ab wann sollen, können und dürfen wir uns ausgeglichen beziehungsweise balanciert fühlen? Was ist wirklich notwendig hierfür, und ab welchem Zeitpunkt ist ein Leben nicht mehr lebenswert? Das sind grundlegende Fragen, die nicht nur die suizidgefährdeten Menschen, die Schwerkranken oder die vor der Armut stehenden Menschen beschäftigen und die von früher Kindheit an bis ins hohe Alter immer aufs Neue beantwortet werden wollen.

Im Verlauf des gesamten Lebens, besonders jedoch in der Kindheit, sind wir von Liebe, Zuneigung und Akzeptanz abhängig. Die Kindheit hindurch werden wir erzogen, werden wir geformt und gebildet, um uns im Erwachsenenalter so verhalten zu können, dass wir gleichzeitig sowohl selbstständig und unabhängig leben können, als auch geliebt, respektiert und anerkannt werden können. Die Frage nach dem guten Leben ist die Entscheidung, ob man sich frei und selbstständig oder liebenswert und angepasst verhält. Viel Geld oder wenig, Arbeit oder Sozialhilfe, lange Haare oder kurze, Lehre, Arbeit oder Studium und Highlife, sauber oder schmutzig, normal essend oder auf die Figur achtend, treu aus Liebe oder treu aus Angst. All das sind

Entscheidungen, die mit einem guten Leben zusammenhängen und Fragen, die jeder für sich selbst lernen muss, zu beantworten.

Dieses Buch kann ich nicht als ein Wissender schreiben, wie ein gutes Leben funktioniert, denn niemand kann sich hierbei als Wissender bezeichnen. Aber ich kann dieses Buch schreiben als jemand, der eine Ahnung davon hat, wie es aussehen kann, das gute Leben. Die Antwort liegt oft nicht darin, was man tut, sondern wie man etwas tut und wie man sein Leben gestaltet. Was mir als Autor guttut, muss Ihnen als Leser nicht gut erscheinen – und das gilt auch umgekehrt. Ich kann auch als Psychologe andere Menschen nur begrenzt verstehen, ich kann aber vielleicht dazu beitragen, dass sie sich selbst besser verstehen. Darüber nachzudenken lohnt sich, denn viele Menschen mit einem guten Leben fühlen gar nicht, dass sie eines haben. Sie wirken leer und unruhig, unausgeglichen und unzufrieden. So als wären sie abgeschaltet, zurückhaltend und energielos oder sie sind ständig auf der Suche. Wie getrieben, aber nicht von Interesse und Neugierde, sondern getrieben von der Suche nach Anerkennung, Respekt, Sinn und Zugehörigkeit. Dadurch werden diese Menschen anfällig dafür, sich von Wirtschaft, Wissenschaft, Kultur oder Politik erklären zu lassen, was sie brauchen, um ein gutes Leben zu führen. Was zu einem guten Leben gehört, erfahren wir nicht nur von unseren Eltern und Großeltern, sondern vor allem von Experten oder aus Hochglanzmagazinen und von Werbefachleuten, die darauf spezialisiert sind, das zu verkaufen, was das Glück verspricht. Doch wem kann man wirklich vertrauen? Wer hört schon gern von seiner Mutter oder von seinem Vater, was er anziehen soll oder lesen soll? So hören wir automatisch auf die zahlreichen Angebote der Medien, die nicht – wie die Eltern – kritisiert oder infrage gestellt werden können. Kritik bedeutet persönliche Auseinandersetzung, die bei der Werbung fehlt. All das führt zu einer Unsicherheit der eigenen Person. Was wirklich gebraucht wird, bleibt unklar. Wer sich nicht sicher ist, kann nicht frei entscheiden. Im Extremfall *wird* für diese Menschen entschieden: Ehemänner erklären dann ihren Frauen, was diese brauchen und umgekehrt; Kinder ihren Eltern und umgekehrt, Führungskräfte ihren Mitarbeitern. Durch dieses Erklären und Kontrollieren, wie man sein muss, entsteht ein innerer Druck, eine Unzufriedenheit, die einem die Freude am Leben nimmt.

Ausgeglichen zu sein heißt demnach, zufrieden zu sein mit sich und mit seiner Umwelt und keinen Druck von anderen anzunehmen. Ausgeglichen zu sein heißt auch, zufrieden mit den Aufgaben und Problemen zu sein, die der eigene Körper uns stellt und zufrieden zu sein mit den Beziehungen, die man führt oder führen möchte. Wie einfach und leicht das klingt – ausgeglichen. Die Mühen des Alltags zwischen Arbeit, Freizeit, Bewegung, Beziehungen und Kindern, Geld verdienen und Geld ausgeben sind beim Erfassen des Wortes Balance nicht spürbar. Und dennoch bedeutet ausgeglichen zu leben, die Prioritäten gleichmäßig zu verteilen. Ein guter Vater beispielsweise muss arbeiten und mit seiner Partnerin und seinen Kindern Zeit verbringen. Man muss gleichzeitig gemocht werden für die Rolle, die man hat und für die Person, die man ist. Die Rolle in der Gesellschaft, durch die man Anerkennung und Respekt erhält, wird oft überschätzt. Eigenschaften der Persönlichkeit werden zugunsten des gesellschaftlichen Stellenwertes oft in den Hintergrund gestellt, da hiermit die materielle Existenz verbunden wird. So erlernen wir rasch, selbstständig arbeitend, anerkannt, geliebt und liebend, die Rolle eines funktionierenden Mitgliedes in der Gesellschaft zu sein. Das lernt jeder, da jeder abhängig von Liebe ist. Diese Abhängigkeit zeigt sich in der Kindheit den Eltern gegenüber. Im Erwachsenenalter zeigt sich diese in dem Wunsch nach einer intimen Beziehung sowie in dem Bedürfnis, zu einer Gruppe zu gehören. Doch gut ist dieses, sich nur gruppenzugehörig zu verhalten nicht, wenn man bedenkt, dass der Mensch mehr ist als eine Maschine, die sich gut anpassen kann, gut arbeitet, nett aussieht und obendrein gut riecht.

Ich habe in meinem ersten Buch „Ohne Leib, mit Seele" darüber geschrieben, dass der Mensch mehr ist als sein Körper und mehr als sein Verstand. Der Kern dessen, was den Menschen ausmacht, die treibende Kraft, seine Seele, ist naturwissenschaftlich noch nicht erfassbar, zeigt sich aber besonders in der Liebe, der Kunst und in der Wissenschaft. Ein ziemlich gutes Leben ist ohne Zugang zu seelischen Bedürfnissen nicht denkbar, denn gut ist nur ein sinnvolles Leben. Folgt man bei der Frage nach dem guten Leben dem Konzept der Seele, so kommt man zu dem Schluss: Das was jeden von uns ausmacht, was jeden so besonders und individuell macht, die Seele, muss berücksichtigt werden. Man muss lernen sich zu trauen, den Tätigkeiten des Alltags eine persönliche Eigenheit zu geben, anhand derer man anderen Menschen zeigt, wer und wie man ist. Ohne sich zu verstellen. Wie eine Handschrift oder die Art zu gehen, individuell und doch gleichwertig neben denen von anderen. Erst dann kann man von einem ziemlich guten Leben sprechen, denn man spürt sich und erkennt sich wieder. *Ziemlich* gut jedoch nur deshalb, da nicht sicher ist, inwieweit der Ausdruck der eigenen Individualität auch auf die Zustimmung anderer Menschen stößt. Jeder Musiker beispielsweise riskiert, dass seine Musik nicht gemocht oder gar verboten wird. Mancher Wissenschaftler muss fürchten, dass seine Erkenntnisse durch Macht missbraucht werden könnten. Oder viel banaler, jeder außergewöhnliche Minirock kann auf gesellschaftliche Missgunst stoßen. Sich individuell auszudrücken, findet unzählige Möglichkeiten. Sicher ist, dass die Möglichkeiten sich selbst zu entfalten, sich damit zu beschäftigen, wozu man gerade Lust hat und so der Gesellschaft zu zeigen, wer man ist, mit zunehmendem Bildungsniveau steigt. Bildung als Anwendung von Wissen, das durch Lernen, Kunst, Leiden oder Liebe erworben wurde. Das heißt je höher die Bildung – damit meine ich nicht einzig die Ausbildung –, desto höher ist die Wahrscheinlichkeit, sich mit Hilfe des Verstandes zu erkennen geben zu können, ohne auf Ablehnung zu stoßen. Vor allem bei Menschen die körperlich weniger geschickt sind, ist Wissen eine Möglichkeit, genauso gebildet zu sein, wie jemand der sich durch sein Handwerk oder seine Kunst bildet und sich dadurch ausdrückt. Hierdurch wird die Seele berücksichtigt und man kann jemand werden, der eine Persönlichkeit darstellt, die nicht den ganzen Tag tut, was andere Menschen vorgeben, die sich nicht von früh bis spät verkleiden muss und sich bei der Arbeit nicht entwickeln kann.

Haben Sie sich schon einmal gefragt, warum von zwei Menschen gleichen Bildungsstandards immer einer die guten Ideen hat, während der andere kaum nachkommt, seine Pflicht zu erfüllen?

Zeigen wer man ist, kann man durch Ideologien, die man vertritt, durch einen Lebensstil den man verfolgt sowie durch materielle Symbole die man verwendet. Eine teure Uhr symbolisiert Wohlstand, ein Sportauto Sportlichkeit und Dynamik. Symbole die durchaus ihren Wert haben. Sportlich und elegant kann man jedoch auch ohne diese materiellen Güter leben. Haben und Sein also: Heutzutage steht „Balance" dafür, von allem etwas, für ein gutes Leben zu haben. Wir denken also, dass ein schöner Körper, ein hoher IQ, ein abgeschlossenes Studium, eine fixe Beziehung und eventuell auch Kinder zu einem guten Leben gehören. Wir wissen, wie wichtig Liebe und Zuneigung sind, wie wichtig Interessen, Hobbys und Freunde sind, wir wissen, wie Intelligenz gefördert werden kann und was wir haben müssen, um im Leben gut dazustehen. Das hat dazu geführt, das wir heute den IQ messen und fördern lassen, Medaillen und Diplome sammeln, Häuser, Autos und Pferde kaufen. Einige, die alles das im Leben haben, kennen es trotzdem, das Gefühl, das etwas fehlt. Und wenn es an etwas mangelt, sei es Freiheit, Geld, Liebe, Zeit, Sinn, dann kann es schwer gelebt werden, das ziemlich gute Leben. Dann versuchen wir, dieses Gefühl des Mangels auszugleichen und Freiheit, Liebe, Zeit und so weiter zu konsumieren, zu erleben. Die Seele, der Kern des Menschen, die treibende Kraft ist aber etwas, das unabhängig ist von Zeit, Materie, IQ, Geld und Schönheit des Körpers. Sie muss wie auch die anderen Gedächtnisinhalte – nämlich Unterbewusstsein und Bewusstsein – entwickelt werden, indem sie berücksichtigt wird. Berücksichtigt durch echte Wertschätzung, Anerkennung, Lob, Liebe.

Wird die Seele vergessen, so macht sie sich von selbst erkennbar durch Zeichen und Symbole, die zeigen, wie wichtig Anerkennung und Zuwendung sind. Zeichen, die oft wie ein Schrei nach Liebe wirken. Vergessene seelische Bedürfnisse zeigen sich dann anhand von Protesthaltungen, extremer Schüchternheit, Zwängen, Tendenzen zu perversen Haltungen, Feindseligkeiten durch Vorurteile und so weiter. Ob schön, hässlich, jung oder alt.

Doch wie gelingt der Zugang zu dieser Seele? Wie kann man einem Zustand mit Akzeptanz begegnen, gelassen und ausgeglichen, wenn – wie in meinem Fall – der Körper nicht mitspielt? Wie kann man sein, wer man ist, wenn der Körper eine völlig andere Sprache spricht und wenn man sich in ihm nicht wohlfühlt? Wie kann man als Elternteil von Anfang an die seelischen Bedürfnisse der Kinder erkennen und fördern? Wie kann man ein gutes Leben führen, das den Anforderungen der modernen Gesellschaft entspricht, ohne auf etwas verzichten zu müssen? Wie erreicht man Freiheit, Großzügigkeit, Güte und Selbstbestimmung in einer Zeit in der scheinbar alles kontrolliert, an Geld bemessen und an Leistung orientiert ist?

Diese großen Fragen stellen sich bei Kleinigkeiten im Alltag und vom ersten Tag an. Wie kommt das Wissen in den Körper, sollten wir uns fragen. Und zwar sowohl das Wissen über die Welt als auch das Wissen über sich selbst. Denn nur, wenn wir wirklich fühlen können, was wir denken, sind wir echt und wirken wir echt. Nur dann fühlen wir uns richtig und wohl.

Beim Thema Toleranz zeigt sich am ehesten wie wichtig der Zusammenhang zwischen Fühlen und Denken ist. Wenn wir uns tolerant denkend mit Menschen umgeben, in deren Gesellschaft wir uns überhaupt nicht wohl fühlen, wirken wir auch nicht tolerant und damit nicht glaubhaft. So verhält es sich auch mit dem gesamten Lebensstil. Wissen, wie man gut lebt, weiß man bald. Zu fühlen, dass man gut lebt, das will geübt sein. Ein unerfüllter Wunsch, ein unbefriedigter Trieb und sie ist dahin, die gute Stimmung, weg sind die Ausgeglichenheit und Zufriedenheit mit sich selbst. Sofort ist die Wut im Bauch da und all das positive Denken zeigt wenig Wirkung. Ausgeglichen zu sein, ist die Voraussetzung dafür, aktiv und mitfühlend mit anderen zu sprechen, sich zu bewegen, zu trinken, zu tanzen und so weiter. Ausgeglichen und trotzdem aktiv und strebend. In jeder Situation muss man das üben und leben – arm, reich, gesund, krank, behindert, sehr klug und sehr vergesslich, denn jeder hat es verdient, das ziemlich gute Leben.

Und wie kommt man dahin? Wir müssen lernen erfolgreich zu scheitern, denn jeder Mensch scheitert. Mit derselben Energie, zum Beispiel in Form von Vorfreude mit der wir Sachen beginnen, müssen wir lernen damit umzugehen, wenn etwas *nicht* gelingt. Mit demselben Ausmaß an Freude, wenn etwas gelingt, sind wir mit Wut oder Enttäuschung konfrontiert, wenn etwas nicht gelingt. Wir müssen also eine Art Blitzableiter der Frustration für alltägliche Kleinigkeiten entwickeln.

Was bedeutet erfolgreich scheitern in Bezug auf ein gutes Leben? Ich will es darzustellen versuchen durch einen Blick darauf, wie ich meine eigene Erziehung erlebt habe; darauf wie ich selbst Kinder erziehe und ein Leben führe, das ziemlich gut ist. Warum gerade darauf? Um gut zu leben wäre es doch logisch zuerst zu klären, wie Frau schlank wird und Mann täglich Sex hat? Logisch vielleicht, aber der Verstand und die Logik funktionieren anders als Gefühle und Emotionen.

Wenn man wie ich mit einer Behinderung aufwächst, beginnen die Fragen auf einer ganz anderen Ebene. An manchen Tagen ganz einfach: Wie kann ich vollständig angezogen die Toilette wieder verlassen? Erst sehr viel später stelle ich mir Fragen, welche die Gesellschaft mit einbeziehen: Wie spreche ich eine Frau an? Will ich ins Konzert gehen? und so weiter.

Scheitern muss man von Kindheit an lernen, um an Beziehungen und gemeinsamen Plänen, Hobbys und an seiner Arbeit interessiert zu bleiben. Man muss lernen zu fühlen, dass man trotzdem liebenswert ist, wenn man anders ist. Nur so habe ich gelernt frei zu denken und mit meiner Behinderung ein normales Leben als Psychologe und Familienvater zu führen als gäbe es keine Behinderung. Wie kann ich zusätzlich Kinder erziehen? Das hat in mir die Frage aufgeworfen, was wirklich berücksichtigt werden muss, was ich wirklich haben und sein muss, um ein gutes Leben zu führen.

Es entspringt der Schlussfolgerung einer Logik, nach der die meisten Menschen erst dann den Eindruck haben, unglücklich zu sein, wenn etwas mit dem eigenen Körper nicht in Ordnung ist, oder scheinbar nicht in Ordnung ist, wenn zu wenig Geld da ist oder zu wenig als auch zu viel Liebe und Sex erlebt wird. Wenn sie also gescheitert sind. Somit sind es auch Gesundheit, Geld und Liebe, die wir mit einem glücklichen Leben verbinden. Doch das Wissen und die Erkenntnis können erweitert werden.

Der eigene Lebensstil und die Anlässe und Ursachen, die zu einem guten Leben führen, kommen aus der Erziehung. Die grundlegende Akzeptanz der eigenen Person, des eigenen Körpers und der eigenen Ideen wurde uns hier über Jahre hinweg vermittelt.

Unabhängig davon, ob man Kinder hat oder nicht, müssen wir uns fragen, warum es wichtig ist, über Erziehung nachzudenken. Wir alle wurden erzogen. Kaum etwas ist so gut gemeint, gleichzeitig so falsch erlebt und verstanden wie unsere Erziehung. Erziehen als Form von Einfluss auf Gefühl und Verhalten. Ein Einfluss, der gelernt wird und ein Leben lang wirken kann. Ein Einfluss, der dann wieder spürbar wird, wenn im Erwachsenenalter Beziehungen bestehen, in denen ein Mensch dem anderen sagt, was dieser zu tun hat, ihn also erzieht. So wie zum Beispiel ein Arzt seinem Patient, ein Anwalt seinem Klient oder ein Arbeitgeber seinem Arbeitnehmer sagen muss, wie er sich verhalten soll, um etwas zu erreichen. Und wer kann sich schon erlauben einem erwachsenen Menschen zu sagen, was er zu tun hat? Kaum jemand, außer eben der- oder diejenige hat mehr Macht. Und schon ist es wieder da, das Gefühl der Unausgeglichenheit, weil gefühlsmäßig betrachtet jemand mehr Macht hat als wir selbst. Objektiv betrachtet ist eigentlich lediglich ein MEHR an Wissen vorhanden und aufgrund der unterschiedlichen Rollen ein MEHR an Aufgaben und Verantwortung. Doch solche Beziehungen sind oft durch Macht gekennzeichnet und damit jenem Prozess der Erziehung sehr ähnlich.

Als Psychologe werde ich täglich mit Problemen konfrontiert, die mit Erziehung und Anleitung, Empfehlung und Führung von Menschen zusammenhängen. Von jeder Perspektive aus — ob als erzogener, geführter Mensch oder als Erzieher und Vorgesetzter.

Wieso ein Buch über das gute Leben, wo wir uns heutzutage am Buchmarkt vor Ratgebern kaum retten können?

- Erstens, weil es der Logik entspricht: Mein erstes Buch definiert den Menschen. Mein zweites Buch handelt nun davon, wie sich der Mensch entwickeln und glücklich werden kann.
- Zweitens, weil trotz der Tatsache, dass Kinderrechte bestehen und Kinder seit der mittlerweile dritten Generation bei der Erziehung mitreden können, die Grundproblematik nicht gelöst wurde. Viele Fragen bleiben unbeant-

wortet: Wie vermitteln wir Werte, Struktur, Fleiß, Disziplin und fördern Talente, von denen wir nur hoffen können, dass diese überhaupt vorhanden sind? Muss ich jedes Kind gleich erziehen? Wie kann ich als Erziehender gleichzeitig meine seelischen Bedürfnisse befriedigen und die meiner Kinder und die des Partners beachten?

- Drittens, weil seitens der Gewerkschaften und Rechte von Patienten, Konsumenten und Klienten ein ähnliches Phänomen beobachtbar ist: Mehr Mitsprache, Einsicht und Mitgestaltungsmöglichkeiten in den vergangenen Jahrzehnten haben nicht zu mehr Zufriedenheit und Glück geführt. Die Zahl der Burnout-Patienten steigt und die Zahl der Menschen, die auf ihre Rechte bestehen, ebenso. Wie führt man ein Leben, ohne so müde zu sein? Wie kann man erreichen, was man möchte? Wie kann man Mitarbeiter motivieren? Wie führt man Patienten und Klienten? Wie soll man bei steigendem Leistungsdruck und mehr Arbeit seine Mitarbeiter und Kinder erziehen, damit etwas aus ihnen wird?

Drei komplett unterschiedliche Lebensbereiche, in denen völlig unterschiedliche Normen und

Werte existieren, eigentlich ständig Vorgaben von außen folgen. Trotzdem sind die Probleme von fehlender Motivation, Unzufriedenheit und Depression bei hohem Wohlstand unerklärbar und noch nicht gelöst. Auf die Seele, darauf der Mensch sein zu dürfen, der man ist, achten wir nicht.

WO BEGINNT DAS GLÜCK?

Die großen Fragen des Lebens beginnen im Kleinen, im Alltag, im Verborgenen. Die große Liebe, die man der Welt zeigen kann beim Ausgehen, Tanzen, Einkaufen, im Urlaub – wird gelebt in kleiner Zweisamkeit, in Wohn- und Schlafzimmer. Sie zeigt sich in kleinen Aufmerksamkeiten, kleinen Berührungen und Achtsamkeiten. Die große Freiheit erlebt man am intensivsten allein, oben auf einem Berg, weit draußen auf dem Meer. Das gute Leben ist die Summe vieler Kleinigkeiten, die im Alltag beachtet werden müssen und die oft unbedeutend, beinahe banal wirken. Die Frage, was ein gutes Leben ausmacht beginnt mit der Frage, was ein Mensch braucht. Auch die große Frage, was ein Mensch braucht, beginnt im kleinen Rahmen. Von früher Kindheit an lernen wir, wie die Welt funktioniert und was wichtig ist: Intelligenz, Schönheit, Freiheit, Akzeptanz, Treue und so weiter. Alles Begriffe, die gefühlsmäßig schwer fassbar sind und die erst gelebt werden können, wenn man gelernt hat zu sein, wer man ist. Dann ist die Frage, was man im Leben wirklich braucht, ganz anders zu beantworten. Dann wird plötzlich klar, dass jeder Körper schön sein kann und dass in jedem Kör-

per ein gutes Leben möglich ist. Die Abhängigkeit von anderen, der Zwang „so muss ich sein",
„das ist richtig", „sonst steh ich allein da" kann
wegfallen.

Dass das wirklich funktioniert, das zeigt wie
ich meine, auch mein eigenes Leben, auf das
ich im Verlaufe des Buches gerne immer wieder
eingehen möchte. Zusammen mit theoretischen
Überlegungen möchte ich aufzeigen, wie es gelebt werden kann, das ziemlich gute Leben.

Ich bin 1973 ohne Arme und Beine in Wien gebo-
ren und es ist mir gelungen ein Leben aufzubau-
en, in dem ich keine Hände und Füße brauche.
Was muss das für ein mickriges, trauriges Leben
sein, könnte man denken. Sitzt im Zimmer und
wartet und schaut. Manche haben das vielleicht
auch gedacht, und manche tun es vielleicht heute
noch.

Oh nein! Mein Leben ist ein Leben, das sich
nicht vom Leben der Menschen unterscheidet,
die Arme und Beine haben. Es ist ein gutes Leben, das voll ist mit den täglichen Auseinander-
setzungen, Liebe, Intimität, Schönheit, Arbeit,
Urlaub, Kindern und so weiter. Praktisch wären
sie schon, die Hände und Füße – zur Umsetzung
meiner Ideen könnte ich sie oft gut brauchen,

aber ein gutes Leben, das gelingt auch ohne sie. Dafür brauche ich nur mich, so wie ich bin und eine Idee vom Leben. Wie gut kann das wirklich sein: das Leben? Stimmt das, was ich da erlebe? Wenn ja, wie ist das mit den theoretischen Überlegungen von Wirtschaft, Medizin und Psychologie vereinbar? Diese fordern nämlich Effizienz, Nachhaltigkeit, Gesundheit, Selbstständigkeit und Freiheit. Zunächst zur Frage: Stimmt das, was ich da erlebe? Ist es für mich möglich, wirklich normal zu leben? Das zeigt mein Lebenslauf, meine Entwicklung ganz grob skizziert: Ich habe einen normalen Kindergarten besucht gleich bei uns im Haus der Wohnanlage „Arsenal". Danach besuchte ich für kurze Zeit eine Behindertenschule, später eine normale Schule. Maturiert habe ich an einer Integrativen Handelsakademie und anschließend studierte ich Psychologie. Unmittelbar nach Studienabschluss war ich ein Jahr allein im „European Volunteer Program" in England. Dort habe ich anfangs in einem Zimmer eines Heims für behinderte Menschen und anschließend in einer Wohnung, gegenüber dieses Heimes, gewohnt. Für jegliche Hilfe bin ich über einen Hof, der zwischen dem Haus und dem Heim lag, hin- und hergefahren. Halb angezogen mit offenem Hemd, der Krawatte um die Schultern gehängt, fuhr ich bei jedem Wetter mit meinem Rollstuhl durch diesen Hof in das Haupthaus, um mir dort von den Schwestern und Pflegern beim Anziehen helfen zu lassen.

Seit 2002 arbeite ich in Wien in einem der größten Spitäler Europas sowie in meiner eigenen psychologischen Praxis.

Ich habe zwei Brüder, die nicht behindert sind und geschiedene Eltern, so wie viele andere auch. So wuchs ich zu hundert Prozent behindert und doch ganz normal auf. Ich durfte nie mehr oder weniger als meine Brüder, wurde weder geschont noch bevorzugt. Ich durfte nicht nur spielen wie meine Brüder auch, sondern ich musste so gut ich dies konnte auch aufräumen, wie meine Brüder – und ich tat dies genauso ungern wie meine Brüder. Ich brauchte dafür genauso viel Druck von meinen Eltern wie meine Brüder. Ich habe seit meinem achtzehnten Lebensjahr Beziehungen mit allen Höhen und Tiefen, mit Sehnsucht, Liebeskummer, Freude, Liebe und Zuneigung, Eifersucht, Treue und Untreue erfahren. Beziehungen mit Frauen, die ich alle als sehr schön beschreiben würde. Seit nunmehr fünf Jahren bin ich verheiratet (mit der schönsten Frau von allen). Ich habe vier Kinder, die mich verehren und die ich gemeinsam mit meiner Frau erziehe. Ich spiele mit den Kindern am Boden sitzend, mit meiner Frau liegend. Ich gehe mit meiner Familie zum Spielplatz, ins Schwimmbad, auf Berge und Wiesen, soweit der Rollstuhl es erlaubt. Komme ich wo nicht weiter, so schaue ich meinen Kindern einfach gerne zu, warte oder gehe einen anderen, einfacheren Weg. Um mich rascher und gleichzeitig normaler zu bewegen, benütze ich einen elektrischen Rollstuhl und mein eigenes Auto. Meine Frau hat keinen Führerschein. Ich habe eine Armprothese auf der rechten Seite mit der ich etwas halten kann, mit der ich Türen öffnen, Knöpfe drücken und Hände schütteln kann. In Wien begrüßt und verabschiedet man sich, indem man sich die Hände schüttelt.

So in aller Kürze zeigt mein Lebenslauf ein normales, ziemlich gutes Leben.

Warum nur *ziemlich* gut und nicht sehr gut? Das *ziemlich* lässt erkennen, dass es ein großer Aufwand ist, ein gutes Leben zu gestalten. Eines, das sich kaum unterscheidet von dem der Kollegen und Freunde. Das Wörtchen *ziemlich* also, weil etwas ausgeglichen werden muss durch Hilfsmittel, Hilfe von Verwandten, Bekannten, Assistenten und durch eine freie Art zu denken. Dieser Ausgleich durch Hilfe und Hilfsmittel er-

35

lauben es mir, mich auch ausgeglichen *zu fühlen*. Gelassen, aber doch interessiert, neugierig und aktiv, mir ein gutes Leben zu gestalten. Jeder Mensch braucht etwas anderes, um ausgeglichen auf andere zugehen zu können. Bei mir genügt die Hilfe von anderen Menschen bei alltäglichen Dingen. Hingegen kenne ich Patientinnen, die sich erst dann ausgeglichen fühlen, wenn sie weniger wiegen oder perfekt maniкürt sind.

Das Wörtchen *gut* weil Liebe, Zuneigung, Freude, Beschäftigung, Glaube, Sinn und Inhalt mein Leben ausfüllen. Und wie findet man das? Wie baut man sich das auf?

Ich komme auf den freien Denkprozess zurück. Dieser Denkprozess wurde von meiner frühen Kindheit an gefördert mit dem Ziel, mich von den körperlichen und geistigen Grenzen nicht aufhalten zu lassen. Dieses Denken war nötig, denn körperlich bedingt waren etliche Berufsmöglichkeiten ausgegrenzt, und geistig wies ich auch keine spezifischen Hochbegabungen auf. Ich zeigte kein besonderes Talent für Musik und Kunst, war kein Genie in Mathematik, Physik oder Latein. Alles was ich gut konnte, war es, die scheinbaren Grenzen meines eigeengten Wesens zu überwinden.

Dieses Denken zu erwerben war ebenfalls ein Prozess, der nicht allein erfolgte, sondern einerseits im Krankenhaus und andererseits ganz besonders mit der Hilfe zweier befreundeter Theologen. Das sah so aus, dass ich als Kind lernte, wie das Leben funktioniert, was erwünscht war und was nicht, und erst zahlreiche Diskussionen haben mich erkennen lassen, dass ich auch einen Beitrag dazu leisten kann, damit das Leben funktioniert: Auch ich muss auf Leute zugehen, wenn ich mit ihnen sprechen möchte, auch ich kann nicht nur darauf warten, angesprochen zu werden, bloß weil es unangenehm ist, mit dem Rollstuhl auf jemanden zuzufahren.

Von allein funktioniert gar nichts, das habe ich erkannt. Und ich habe auch erkannt, dass das Leben auch dann funktioniert, wenn man gegen Normen und Werte verstößt. Ein Verstoß nicht aus Protest, sondern weil ich eben nicht anders kann.

Damit war auch geklärt wie den Forderungen nach Effizienz, Nachhaltigkeit, Gesundheit, Selbstständigkeit und Freiheit nachgekommen werden kann. Ich musste lernen selbstständig zu entscheiden, was ich wollte, auch wenn ich etwas nicht allein konnte. Beispielsweise bei der Entscheidung, was ich anziehen möchte. Macht doch jeder? Jeder der allein zum Kleiderschrank gehen und sich seine Sachen ohne Hilfe herausholen kann. „*Ich* ziehe an was *du* am schnellsten erwischst" – ein verlockender Gedanke für mich, der die Selbstständigkeit im Denken unauffällig verschwinden lässt.

Das gilt auch für Männer, deren Frauen von den Socken bis zur Krawatte alles bereitstellen. Das Aufgeben der Selbstständigkeit im Denken und damit im Tun, das müde und schlecht gelaunt Werden ist jedes Mal eine Verlockung, wenn der Körper nicht mit meinen Vorstellungen und Wünschen mithalten kann. Eine Verlockung, in das Gefühl des Mangels einzutauchen, in eine absolut unausgeglichene Stimmung.

Meine bisherigen Erfahrungen privater und beruflicher Natur und der Alltag im Krankenhaus zeigen mir, wie kurz die Zeitspanne sein kann, in der jeder etwas Gutes und Sinnvolles tun kann. Wirklich produktiv sein, aktiv sein Leben gestalten und sich verwirklichen kann man nur für kurze Zeit im Leben. Das gilt für jeden Menschen. Und diese Zeit will genutzt sein. Auch das gilt für jeden.

Ich kenne auch die andere Seite. Die Zeit, in der ich als pflegebedürftiger Patient warten musste bis eine Wunde verheilt war, und deshalb weiß ich, dass auch das Leben als Patient sinnvoll und gut sein kann. Angenehmer jedoch ist ein aktives Leben, in dem ich die sogenannte Pflegebedürftigkeit „nur" als Hilfestellung im Alltag beschreiben kann. Dieses Nutzen der Zeit, das Aktivwerden, das Sichtrauen eine Idee umzusetzen, sei es die Idee mit einem Menschen spazieren zu gehen oder sich an eine neue Ausbildung zu wagen, das muss man lernen.

EIN GANZ NORMALES LEBEN

Vor dem Hintergrund, dass ich mit Behinderung eine unbehinderte Entwicklung erfahren habe, die jener meiner Brüder und Freunde ähnlich war, habe ich Psychologie studiert, um zu verstehen was den Menschen ausmacht, antreibt, fröhlich und krank macht. Ich bin seit dem Jahr 2000 Psychologe, arbeite seither als solcher und habe einen Überblick darüber bekommen, wie das Denken unser Handeln bestimmt.

Doch wie funktioniert das Denken und was darf gedacht werden? Ein Beispiel: Wie komme ich im Rollstuhl sitzend, schwer behindert, viel Hilfe brauchend, dazu, Kinder in die Welt zu setzen? Sie hätten doch auch behindert wer-

den können – und dann? Ja, „dann", denkt der
freie Geist, „dann fahren eben zwei oder drei
Kinder in kleinen Rollstühlen hinter mir her,
die genauso ihr Schicksal meistern müssen wie
ein kleines gesundes Mädchen, das im hüb-
schen Kleidchen hinter mir herläuft und hüpft".
Sie müssten genauso auf mich hören lernen wie
meine gesunden Kinder, müssten auch, wenn sie
groß sind, einen Menschen finden der sie liebt.

Doch was soll das die Gesellschaft kosten?
Was soll das bringen? Jedes Kind kostet die Gesellschaft viel Geld. Ob das Geld wieder rein-
kommt, weiß niemand. Hoffen kann man, dass
der Druck der Gesellschaft die Lebensfreude
nicht nimmt. Bei einem behinderten Kind sind
die Sorgen größer, es müssen nicht nur Talente
gefunden werden, sondern es muss gründlich
geprüft werden, was überhaupt alles selbstständig bewerkstelligt werden kann. Ein behindertes
Kind benötigt zusätzlich Hilfsmittel, Betreuung
und Krankenhausaufenthalte. Das ist es, wovon
die Krankenhäuser leben – von Menschen, die
etwas brauchen. Ein Arzt lebt von Krankheit,
Leid, Schmerz und von Behinderung. Es tut ihm
gut, wenn er helfen kann, nur das gibt dieser Berufung einen Sinn. Der hippokratische Eid gilt
für jeden, nicht nur für den gesunden Menschen.

Auch für den Alkoholkranken, den Patienten dem der Freitod missglückt, den Menschen die sich selbst verletzen oder einfach grundlos erkranken. Wieso die Aufzählung? Weil diese Menschen jeden Tag aufs Neue den Wert des Menschen bestätigen und ihn gleichzeitig hinterfragen. Einen Wert, der den Krankenkassen mit Logik und Kostenrechnungen nicht erklärt werden kann und auch nicht jenen Menschen, die im Krankenhaus arbeiten. Ein Wert, der von Ärzten vertreten werden muss auch wenn unklar ist, worin er genau liegt. So wie Nietzsches Übermensch nicht existiert, gibt es auch keinen *Un*menschen, daher ist jeder auf eine Weise gleich viel wert.

Diese Freiheit im Denken lässt erst fühlen, dass *jedes* Leben lebenswert gestaltet werden muss. Jeder wie er kann. Es gibt kein besser oder schlechter, sondern eine Gleichwertigkeit. Erst hierdurch kann ich mich für das eine entscheiden, ohne das andere schlecht machen zu müssen.

Doch wie kann man lernen zu denken und zu fühlen, dass man gut ist, wenn man in Wirklichkeit etwas zu dick ist, Cellulitis hat und an der Grenze zum Alter steht?

Wir alle dürfen lernen zu denken.

DAS DENKEN BESTIMMT DAS HANDELN

Einen Zugang zur Seele bekommt man über das Denken. Auch denken muss man lernen und üben. Das Denken bildet sich in Form von Entwicklungsschritten. So wie man körperlich zuerst stehen, dann gehen, später laufen kann, erfolgen diese geistigen Schritte im

1. Strukturieren
2. Kombinieren (Schlussfolgern) und dann
3. Denken.

Erst im Denken entsteht etwas Neues.

Doch darf man sich trauen, alles zu denken? Was man denken darf, hängt davon ab, mit welchem Gefühl ein Gedanke verbunden ist. Und diese Verbindung liegt im Körper – mit dem ein Gefühl erlebt wird.

1. Strukturieren: Grob umschrieben kann man sagen, dass seit Sigmund Freud unverändert gilt, dass es ein Über-Ich gibt in dem Normen, Werte und Regeln gespeichert werden. Jedes Muss und Soll-Sein, das der Gesellschaft guttut, wird hierin zusammengefasst. Inhalte des Über-Ichs werden mit Pflichtgefühl und dem Gefühlseindruck „das ist richtig" verbunden. Dieses Gefühl muss nicht immer angenehm

sein, bedeutet aber zumindest „richtig“, dass nichts neu gedacht oder verändert werden muss und dass kein Konflikt mit der Gesellschaft besteht. Der Gegenspieler heißt „Es“ und beinhaltet das Lustvolle, die Triebe und Gefühle. Das „Es“ wird als das Unterbewusste verstanden, das alles beinhaltet, was als extrem unangenehm, verboten oder unerwünscht gilt. Diese Inhalte werden mit Angst, Albträumen, Krämpfen im Magen, Druck auf der Brust, Aussagen wie „Dem werde ich's zeigen!“ sowie der Sorge erlebt, etwas Falsches zu tun.

Die Auseinandersetzung mit den Strukturen, mit dem was richtig ist, ob gut, falsch oder böse, beginnt in der Kindheit und ist deswegen schwierig, weil die eigene Person immer im Zentrum der Struktur steht. Das Einteilen in gut und schlecht ist gleichzeitig ein Sich-selbst-Positionieren. Mit einer Behinderung beispielsweise weiß ich, dass ich zwar genauso wertvoll bin wie andere Menschen, dass jedoch mein Tun weit mehr eingeschränkt ist, als dies bei einem gesunden Körper der Fall wäre. Der Schluss, dass ich deshalb auch weniger wertvoll bin, könnte leicht gezogen werden. Eine Kategorisierung, die sich negativ auf mein Interesse am Leben auswirken könnte.

2. Kombinieren mit Hilfe des dritten Gedächtnisinhalts, des sogenannten „Ich". Das „Ich" steht für das Bewusstsein, das immer einen Kompromiss finden muss zwischen Lust und sozialen Normen, die bis zum Verbot reichen können. Die logischen Schlussfolgerungen in diesem Kontext sind Gedanken, die es ermöglichen, sich angepasst zu verhalten. Sie sind wichtig, um rascher Entscheidungen zu treffen und sich gut in die Gesellschaft einfügen zu können. Schlussfolgerungen erlauben eine gute Eingliederung in Partnerschaft und Gesellschaft.

Schlussfolgerungen sind weder richtig noch falsch. Ohne Einfühlungsvermögen sind sie jedoch wertlos. Denn Schlussfolgerungen allein führen noch nicht zu den eigenen seelischen Bedürfnissen, die letztendlich das Leben lebenswert machen.

Bis heute ist unklar wer bestimmt, was ein *Ge*bot und was ein *Ver*bot ist und wozu diese Einteilung so wichtig ist. Wichtig, weil bis heute unklar ist, wie man auf die Idee kommt, ein Bild zu malen oder ein Auto zu bauen. Oder wie ein Mann dazu kommt mit einer Frau zu schlafen, die das nicht will. Oder woher der Einfall kommt, Kollegen zu mobben und klein zu machen, obwohl die gute Arbeit leisten. Die Antwort darauf, was uns antreibt, muss immer dieselbe sein, auch wenn das Verhalten einmal als gut und einmal als böse angesehen wird.

Das sogenannte brave und ordentliche Leben ist das Ergebnis von Schlussfolgerungen. Doch das Leben fordert mehr – es will gelebt werden durch Freude, Verständnis und Sinn.

3. Denken, durch das etwas Neues und Unerwartetes entsteht, wird erst möglich, wenn etwas Seelisches hinzukommt. Jede Seele möchte unbedingt erkannt werden und versucht das Verhalten eines Menschen so zu steuern, dass sie gleichzeitig gemocht wird und zeigen darf, wer sie ist. Das gemocht Werden in Form von akzeptiert zu werden von Eltern oder Freunden ist jedoch so wichtig, dass die Seele oft auf eigene Wünsche verzichtet. Sich zu blamieren und Streit zu haben kann unangenehmer sein als eigene Wünsche zu verwirklichen. Dieser Satz klingt verwirrend – wie kann jemand seine eigenen Wünsche nicht verwirklichen oder nicht verwirklichen wollen? Das Beispiel einer Patientin, die gemäß ihrer Aussagen von Eltern und Bekannten sehr geschätzt wird, soll zeigen was ich meine:

Eine Frau etwas über 30, mit einem hervorragenden Lebenslauf, zwei abgeschlossenen Studiengängen und einer guten beruflichen Position, mit einem guten Einkommen und wohlhabenden Eltern. Die Anamnese zeigt kein Übergewicht, keine Suchtprobleme. Sie nimmt Medikamente wegen Depression und Schlafstörungen. Sie kommt zu mir in die psychologische Praxis, weil es ihr schlecht geht, sie fühlt sich traurig und leer, kann das aber gut vor ihrem Umfeld, insbesondere vor ihren Eltern, verbergen, wie sie berichtet. Sie hat wenig Freunde, keine Partnerschaft und bisher kaum sexuelle Kontakte. Ihren Urlaub verbringt sie oft mit ihren Eltern, nur selten trifft sie sich mit Arbeitskollegen. Sie hat den großen Wunsch nach einem Mann und eigenen Kindern.

Was fehlt? Alles da: Akzeptanz, toller Beruf, gesellschaftliche Stellung, sie ist leistungsfähig und konzentrationsfähig. Es fehlt das Lebendige, der Sinn, die Auseinandersetzung mit den kleinen Problemen. Kleine Freuden wie tanzen, schwimmen, Spaß haben, alles Seelische fehlt. Ohne die kleinen Freuden, ohne das lebendige Element ist nicht erkennbar, wer diese Frau wirklich ist. Kein Wunder, dass die Eltern das Kind lieben, das keine Probleme bereitet. Doch wie kann in solch einer Situation Liebe entstehen, die nur von Kleinigkeiten lebt? Liebe, die unlogisch ist und jede Kleinigkeit zu einem

Problem werden lassen kann? Alles Logische ist vorhanden – Laufsport in der Früh beispielsweise, Bewegung, die so gesund ist, die ist da. Alles was Freude bereitet, alles was unlogisch erscheint, das fehlt. Der Zugang zur Seele wurde zugunsten der Pflichterfüllung und der Liebe der Eltern versperrt.

Beiläufig möchte ich klarstellen, dass ich die Liebe der Eltern sehr wohl wichtig finde, dass Elternliebe aber nicht da aufhört, wo Probleme entstehen. Eltern müssen Probleme aushalten und sich ihnen stellen können, dazu gehört nicht, automatisch die Lösung anzubieten. Solange nicht, bis Gefahr droht.

Bei dieser Patientin sind die Zeichen, die ihr ihre Seele gibt, die Depression, die Schlafstörung und das Gefühl der inneren Leere. Andere Ausdrucksmöglichkeiten standen der Seele nicht zur Verfügung.

Wird man auch dann nicht geliebt, wenn man alles richtig macht, so fordert die Seele ein, sich das zu holen, was sie braucht – das heißt sie erfindet etwas, um zu zeigen wer sie ist und um zu zeigen wie es ihr geht.

Ein Beispiel aus der zerbrochenen Ehe zweier Menschen zeigt so eine Situation:

Die Frau kam zu mir zur Beratung. Die beiden hatten jung geheiratet und machten gesellschaftlich gesehen alles richtig. Wohnung, Haus, Arbeit, Kind. Alles da. Geld spielte keine Rolle, da er gut verdiente und beide äußerst sparsam waren. Doch die Frau fühlte sich nicht geliebt. Sonst passte alles – von gemeinsamen Hobbys, Interessen, Urlauben, Konzerten. Die Tatsache, dass sich die Frau nicht geliebt fühlte, merkte sie nur körperlich. Berührungen, die nicht nur Verlangen und Sex ausstrahlten, sondern Wärme, Liebe und Geborgenheit fehlten ihr. Fehlten ihr nicht nur im Alltag, sondern auch in der Nacht. Sex fand regelmäßig statt – wenn auch seltener als sich beide das wünschten. Körperlich fehlte ihr das Vertrauen, loslassen zu können, hingeben konnte sie sich ihrem Mann nie so richtig, so erzählt sie. Manchmal kam das Mitgefühl später, nach dem Sex – „Danke Schatz dass ich durfte" habe er dann gesagt, sich umgedreht und sei eingeschlafen. Aus Liebe zu ihrem Mann war das gut und richtig, aus Liebe zu sich war es nicht genug.

Das ging so lange, bis sie jemand kennenlernte, der ihr Wärme, Liebe und Geborgenheit gab. Es folgte die Trennung und sie zog zu ihrem Freund. Schlecht geht es ihr dennoch, sehr schlecht sogar, denn gesellschaftlich gesehen versteht sie bis heute niemand. Ein Zurück gibt es nicht. Nicht, weil der Mann nicht mehr wollte, sondern weil sie ohne Liebe nicht mehr leben könnte.

Ein Künstler hat das Glück, sein Leid, seine Freude, seine Sehnsüchte in der Kunst zeigen zu können. Andere wenden sich dem Sport zu oder werden krank, wie das Beispiel der jungen Frau zeigt.

Viele Menschen die ihre Seele unterdrücken, gehen trotzdem Beziehungen ein, heiraten und bekommen Kinder. Wenn das lebendige Element fehlt, wenn alles logisch korrekt abläuft und die Freude fehlt, findet die Seele einen Weg der Flucht – ob in Betrug, Alkohol oder Krankheit, ist dann beinahe nebensächlich.

Die Seele fordert, dass wir zeigen wer wir sind und dafür Liebe und Anerkennung erhalten. Das gilt als gutes Leben, denn erkannt und akzeptiert zu werden bedeutet, einen Sinn für diese Gesellschaft zu haben. Gesellschaftlich wertvoll zeigen, wer man ist, das gelingt, indem unterschiedliche Rollen erfüllt werden. Ein Jurist beispielsweise der Richter wird, zeigt sich gesellschaftlich als Richter. Als solcher erfüllt er wertvolle Pflichten. Zu Hause jedoch bei seiner Frau ist diese Rolle abzulegen, denn dort muss er nicht urteilen über die Taten seiner Partnerin, dort muss er den Tagen mit Werten begegnen. Schafft er es nicht, sich von der Rolle als Richter zu lösen und ganz er selbst zu sein, als Mann der Interesse und Mitgefühl hat mit seinem Gegenüber, dann wird ein Konflikt entstehen. Ein Konflikt der ihn seiner Frau gegenüber gleichwertig werden lässt. Eine Rolle definiert sich nämlich durch Aufgaben. Aufgaben, die man nur in einer Rolle hat. Wenn er also ganz er selbst sein kann, seiner Frau sagen kann wie es ihm geht, was ihn freut oder traurig macht und so weiter, dann kann er dafür gemocht werden, wer er ist. Seine Seele kann sich zu erkennen geben.

Abbildung: Graphik Seele – Der Kern des Menschen
(Quelle: Georg Fraberger in: „Ohne Leib, mit Seele")

In meiner Kindheit wurde mir die Seele als etwas Göttliches, für den Menschen Unsichtbares erklärt, das in der Nähe des Herzens sitzt und das zu mir gehört wie mein Schutzengel. Mir wurde immer aber auch erklärt, dass kein Chirurg jemals die Seele finden konnte, sondern dass sich diese mit dem Tod des Körpers selbstständig in den Himmel, die Hölle oder das Fegefeuer begibt.

Die Seele, ein großes Wort, das ich als Psychologe nicht mit religiösem Bezug verwende. Ich bezeichne die Seele als das, was den Menschen im Grunde seines Herzens ausmacht. Etwas nicht-stoffliches, so wie das Bewusstsein etwa. Die Seele ist auch das Element, das zuteilt, welche Gedächtnisinhalte wo gespeichert werden – das heißt welchem Gedanken, welches Gefühl zugeordnet wird. Die Seele als Energiequelle, als Motivation, denn jeder Gedanke löst ein Gefühl aus. Und Gefühle sind energetisch in Form von Hormonen messbar.

Ein Mensch fühlt sich dann körperlich wohl, wenn er ausgeglichen ist. Damit das erfolgreich gelingt müssen Verstand und Gefühl lernen, eine Einheit zu bilden. Einfach dargestellt sieht das so aus: Wenn mein Verstand sagt „Bananen sind gut, weil sie sind gesund", während ich mich aber jedes Mal übergeben muss, wenn ich Bananen esse, dann bilden Verstand und Gefühl keine Einheit. Aber mit der Hoffnung auf Gesundheit und Schönheit wird die Banane immer erträglicher schmecken. Das Gefühl ist durch den Verstand beeinflussbar – bis zu einem gewissen Grad.

Der Verstand und das Gefühl müssen lernen, zum eigenen Körper zu stehen, diesen zu akzeptieren sowie Mitgefühl zu entwickeln, Mut zu haben, sich zu blamieren und erfolgreich zu scheitern. Die Seele ist vergleichbar mit dem Unterbewusstsein. Etwas, das ständig da ist, verbunden mit Gefühl, Körper und Verstand. Akzeptiert man sich selbst nicht, verhindert man den Zugang zur Seele und diese gibt sich anhand von Problemen zu erkennen.

Es ist nicht leicht, einen Zugang zur Seele zu finden, und wem es gelingt, der kann froh sein ein ziemlich gutes Leben zu führen. Schlimm ist es, überhaupt keinen Zugang zur Seele zu bekommen, dadurch nicht zu fühlen, was man will und was man braucht. Das Resultat kann sein, erkannt und nicht akzeptiert zu werden. Das tut dieser Seele auch gut, jedoch allen anderen nicht; wie am Beispiel eines Vorgesetzten, der seine Mitarbeiter klein macht, kontrolliert und innerlich ablehnt bis diese kündigen.

Erst durch Denkprozesse können Inhalte von Gefühlen getrennt und neu zusammengesetzt werden. Allerdings auch nur dann, wenn eine Handlung der Natur des Menschen entspricht. Das heißt durch Akzeptanz und Liebe.

Eine Seele steckt in jedem Körper, auch in meinem. Erst durch das Denken lernen war es möglich, mich so zu verhalten, dass ich als der erkannt werde, der ich bin. Kaum habe ich gewusst und gespürt, dass ich ein Mann bin, ist es mir gelungen, wie ein Mann zu denken und die Schlussfolgerungen aufzubrechen, dass ich ein behinderter Mann bin. Aus der Frage „Mag mich eine Frau trotz Rollstuhl?" wurde „Mag sie mich mit Bart oder ohne?".

Dass ich gemocht werde habe ich nicht mehr infrage gestellt.

WAS DIE ANDEREN VON MIR DENKEN

Was andere Menschen von mir denken und was ich selbst über mich denke, unterscheidet sich. Der Unterschied ist manchmal spürbar und zeigt sich zum Beispiel so:

Ein älterer Mann mit einer Wirbelsäulenproblematik, der wochenlang im Krankenhausbett verbringen musste und mit der Zeit depressiv wurde, fragte mich bei meinem ersten Besuch bei ihm: „Bist Du ein Invalide?"

Es ist sicherlich schwierig auf dem Rücken liegend zu erkennen, wer da zu einem ans Krankenbett kommt. Viele Patienten sitzen im Rollstuhl, ich hätte auch einer von ihnen sein können.

Ich antwortete ihm: „Nein, ein Psychologe ..."

Er sagte: „Ah! Ein Menschenversteher ..."

Ich sagte: „Ja, ich gebe mir Mühe."

Dann folgte ein Gespräch, in dem er schilderte was er aufgrund seiner Erkrankung alles nicht mehr tun könne und dass er sich frage, wie es weitergehen solle. Er kam vom Land und war körperlich schwere Arbeit gewohnt, der er nun für mindestens sechs Monate nicht mehr nachgehen konnte.

Eine Diskussion über ein lebenswertes Leben führe ich oft; einerseits aufgrund meines eigenen Körpers, andererseits aufgrund meines Berufes und der Körper der anderen.

Viele Menschen fragen mich wie es denn möglich sei, ganz ohne Hände und Füße nicht nur ein normales, sondern sogar ein gutes Leben zu führen. Wie könne ich Energie haben und Freude? Ein Leben mit Familie, mit einem Beruf und einer Tätigkeit als Autor und Vortragender. Wie könne ich es schaffen, mich zu trauen „ganz normale", hübsche Frauen anzusprechen und bei Gelegenheit meine Meinung zu vertreten. Viele Fragen zeigen ein großes Unverständnis darüber, wie ich so leben könne. Und vielleicht gibt es ein paar, die auch wirklich nicht glauben können, dass man in *jedem* Körper – auch in einem behinderten – ein arbeitendes, soziales, familiäres und gutes Leben führen kann.

Dieses Buch ist kein Plädoyer dafür, wie man trotz Behinderung glücklich werden kann. Es beinhaltet vielmehr Fragen und Antworten darüber, wie man sowohl einen Zugang dazu bekommt, was einen Menschen ausmacht und wie man anderen – beispielsweise Kindern, die man erzieht und Menschen, die man berät – diesen Zugang vermitteln kann.

Viele dieser Fragen und das teilweise Unverständnis mir und meiner Situation gegenüber haben damit zu tun, dass viele sich nicht vorstellen können, dass auch ich ein vollwertiges Mitglied der Gesellschaft bin. Fragen danach, wie ich mit meiner Behinderung im Alltag zurechtkäme, wirken auf mich so, als ob es zwei verschiedene Welten gäbe. „Wie hat der es denn hierher geschafft?", hierher ins Glück, in die gesellschaftlich anerkannte Welt, in der sich Menschen mit Geld, Manieren, Verstand, Bildung, Kunst und Ansehen gleichwertig begegnen. In dieser Welt kann man glücklich werden, da herrscht Zufriedenheit und gute Laune, nach dieser Welt strebt man. Die zweite Welt besteht aus Menschen, die sich durch wenig Geld, wenig Macht, weniger Bildung und Ansehen durchs Leben schlagen müssen. Mit einer Frage zu meiner Behinderung wird nicht nur dargestellt, wie und ob ein Problem zu überwinden ist, sondern ob es prinzipiell auch möglich ist, in eine andere Welt, die erste, die gesellschaftlich anerkannte Welt zu gelangen oder zumindest dort hineinzuschauen.

Bei vielen Menschen existiert nämlich das Vorurteil, mit einer Behinderung würde man automatisch in die Kategorie der zweiten Welt gehören. Eine Kategorisierung, die aufgrund der Fragen geschaffen wird und von Anfang an – und jeden der sich mit diesen Fragen beschäftigt – klein macht. Denn jeder läuft Gefahr von einer Welt in eine andere abzurutschen, wenn das Schicksal es nicht gut mit ihm meint. Ich werde nicht nur von Menschen dieser ersten Welt gefragt, wie man mit einer Behinderung gut leben kann. Auch Menschen mit Behinderungen haben mich gefragt, wie es denn sei mit so vielen normalen Menschen um mich herum und ob ich mir da nicht verloren vorkäme.

Es ist mir also ein Anliegen zu beschreiben, wie man gesund leben kann, ohne nur das Gegenteil von krank zu leben, wie man reich lebt, unabhängig von einem Vermögen, wie man sportlich lebt in einem unsportlichen Körper. Das ist mir nicht nur wichtig, weil ich gut leben möchte, sondern vor allem, weil von der Definition des guten Lebens abhängt, was ein schlechtes Leben ist und was ein Leben ist, das nicht lebenswert ist. Was mit einem schlechten oder einem nicht mehr lebenswerten Leben passiert, darüber entscheiden Juristen, Ärzte und Psychologen. Die großen Themen der Sachwalterschaft und der Sterbehilfe hängen indirekt damit zusammen. Entscheidungen für das Leben anderer müssen fachlich getroffen werden, hängen aber immer auch mit der Philosophie und Einstellung des jeweiligen Gutachters zusammen. Denn wer kann fachlich wirklich entscheiden, welches Leben sich lohnt.

In der Theorie kann man in Fachlichkeit aufgehen und überlegen. In der Praxis ist man mit einem Menschen konfrontiert, mit einem Mann oder mit einer Frau, mit einem schweren Schicksal und manchmal mit einer Bitte: „Herr Doktor schreiben Sie mir doch bitte, dass ich eine unzumutbare Behinderung habe, mit der mein Leben nicht mehr lebenswert ist!"

Mit diesen Worten und zwei weiteren Gutachten, die bereits „unheilbar krank" und „unbeherrschbare Schmerzen" attestierten, trat eine behinderte Patientin an mich heran. Fassungslos stand ich der, im Vergleich zu mir weitaus weniger behinderten Patientin gegenüber.

Auch wenn ich dem Freitod großen Respekt zolle und prinzipiell ein Freund freier Entscheidungen bin, so konnte ich nicht tun, wonach ich gebeten wurde. Verzweifelt stand sie da, dem Leben konnte sie trotz Eigentumswohnung, Garage, Auto und finanzieller Unabhängigkeit nichts Positives abgewinnen. Ich konnte der Patientin nur sagen: „Bei mir können Sie vielleicht lernen, wie man lebt. Wenn das nicht gelingt, können Sie es wieder versuchen mit Ihrem Anliegen, aber ich kann Ihnen das Attest nicht ausstellen, denn in meinen Augen ist Ihr Leben lebenswert." Jemandem zu erklären, was an seinem Leben gut ist, funktioniert nicht, solange er es nicht fühlt.

Es ist wichtig zu erkennen, dass der Körper nur ein Mittel zum Zweck ist. Ein Mittel, um eine Idee oder sogar ein Geheimnis zu verwirklichen – ein Leben. Dies zu erkennen ist jedoch nicht so einfach, denn es stellt sich die Frage, wie man diese Erkenntnis fördern kann. Wie kann man jemanden dazu bringen, seinen eigenen Weg zu gehen? Kinder kopieren ihre Vorbilder in Mimik und Gestik und doch werden sie irgendwann ihre eigene Art entwickeln. Dieser Schritt von der Nachahmung hin zum Eigenen ist ein Sich-zeigen, ausgehend von einem seelischen Bedürfnis. Nicht nur theoretisches Wissen, sondern ein tatsächlicher Prozess des Erkennens, dass der Körper genutzt und gebraucht werden kann für Arbeit, Liebe, Sport und Freizeit. Dass ein Körper berührt, gestreichelt und gehalten werden will. Und zwar jeder Körper, und genau hierin könnte der einzige Vorteil liegen, den eine Behinderung mit sich bringt. Man kann eventuell rascher erkennen, dass eine Idee, die man vom Leben hat, in beinahe *jedem* Körper verwirklicht werden kann. Darin liegt gleichzeitig aber auch die Gefahr einer Behinderung oder auch eines kleineren körperlichen Mangels (beispielsweise zu dick zu sein, Segelohren zu haben, dicke Beine oder eine überdimensionale Nase zu haben oder schütteres Haar und so weiter). Mit einer Behinderung oder einem Mangel aufzuwachsen, bedeutet nämlich oftmals vor Hindernissen zu stehen. Etwas nicht oder langsamer zu können oder Bewegungen zu machen, die seltsamer aussehen als bei anderen – all die Dinge, die man sehen kann. Hierdurch ist es sehr verführerisch zu denken, dass die Grenzen, welche durch die Behinderung gegeben sind, Schuld sind daran, dass man Ziele nicht erreichen kann, Freunde nicht begleiten zu wollen, keine Frauen zu treffen, keine Familie gründen zu können, einen bestimmten Beruf nicht ergreifen zu dürfen und somit kein wirklich gutes Leben führen zu können. Jeder der zu klein, zu dick, zu dünn ist, der zu weit abstehende Ohren hat, eine zu große Nase, einen Buckel oder andere sichtbare oder unsichtbare Merkmale des Körpers durch die er sich definiert sieht, wird verstehen was ich meine. Gewisse Merkmale sind so auffällig, dass man erst lernen muss, damit umzugehen, um sich damit sicher in der Gesellschaft zu bewegen. „Was denken denn die anderen von mir?" – „Wenn der Nachbar das hört …"

„Was denn?", muss man da fragen. Soll er denken, dass ich nicht in Ordnung bin? Hören wie es mir geht? Man sieht gleich: Von einer Behinderung, einem sichtbar beeinträchtigen Körper oder auch dem genauen Gegenteil, nämlich einem makellosen Körper zu sprechen, ohne dabei das Umfeld und die Reaktionen anderer Menschen zu berücksichtigen, funktioniert kaum. Denn die Meinung anderer Menschen hat einen großen Einfluss auf uns.

Das Lernen, mit gewissen Auffälligkeiten des eigenen Körpers umzugehen, betrifft zwei Ebenen:

Das eigene Körpergefühl zum einen, das heißt, ich selbst als Betroffener muss lernen, meinen Körper zu mögen, wie er ist. Ich meine damit nicht, etwas schön zu reden, was nicht schön ist, oder etwas klein zu finden, das zu groß ist. Es geht darum zu fühlen, dass der Körper, wie auch immer er aussieht, gut genug ist dafür zu verwirklichen, was ich gerne möchte. Besteht dieses Vertrauen nicht, wird es schwierig, jemanden anzusprechen oder gar in Liebe anzufassen.

Zweitens betrifft es das Gefühl des Körpers in der Gesellschaft, und hier geht es darum, die Merkmale des Körpers vor anderen als akzeptabel zu vertreten und zu lernen, für seine individuellen Merkmale einzustehen. Zu lernen darauf stolz zu sein und sich weniger um die Meinung der anderen Menschen zu kümmern. Das heißt auch zu spüren, dass einige diesen Körper nicht mögen. Ein unangenehmes Gefühl. Aber ein richtiges. Krank wäre es aus psychologischer Sicht, sich in einer Gesellschaft wohl zu fühlen, die den eigenen Körper nicht mag oder akzeptiert.

Die Akzeptanz beider Ebenen – nämlich der Verstandes- und der Gefühlsebene – ist von Bedeutung. Fühle ich mich in meinem Körper nicht wohl, verteidige diesen aber gegenüber anderen, so spüren diese Menschen, dass da irgendetwas nicht stimmt. Sie spüren, dass ich gespalten bin und mit mir selbst nicht ganz zurechtkomme.

Meine eigenen Erfahrungen aus meiner Kindheit, meiner Jugend und als Erwachsener haben mir gezeigt, dass nicht nur ich lernen muss, mich zu mögen, sondern auch meine Brüder, Freunde und Freundinnen ohne Behinderung. Jeder muss lernen zu sich selbst zu stehen. Je hässlicher man sich fühlt, umso größer ist die Gefahr, dass man sich kleiner fühlt als seine Mitmenschen. Das Gefühl der Hässlichkeit ist primär eine Frage des Ausdrucks und weniger eine behindertenspezifische.

Der Vergleich mit den Menschen zu denen man gehören möchte, hat jedoch auch eine zweite Seite. Je makelloser man sich fühlt, je schöner, eleganter, gescheiter, wohl riechender und zierlicher man sich fühlt, umso eher besteht die Gefahr sich ohnehin gut zu fühlen und sich deshalb vermeintlich nicht entwickeln zu müssen. So entsteht umso eher eine vermeintliche Sicherheit im Umgang mit dem eigenen Körper. Wenn man diesen Menschen begegnet, besteht auch hier das Gefühl, dass sie nicht ganz echt sind, nicht ganz authentisch. Sie strahlen sehr viel Sicherheit aus, aber ohne tiefgreifenden Bezug zu ihrem Körper. Ich komme also zu dem Schluss, dass der Umgang mit dem eigenen Körper gelernt werden muss, und zwar *mit* allen Auffälligkeiten sowie auch *ohne* sie.

Während ein durch Behinderung aus der Norm fallender Körper von Natur aus individuell ist, mit allen positiven und negativen Konsequenzen, muss ein aufgrund von Schönheit aus der Norm fallender Körper seine Individualität erst schaffen. Man muss dem Körper eine eigene Note geben, etwas Besonderes das ihn ausmacht. Ohne diese eigene Note wirkt er langweilig und ohne Inhalt. Erst eine ausgereifte Persönlichkeit lässt einen Körper Sicherheit und innere Größe ausstrahlen.

So findet man ein gutes Leben – indem man jeder Bewegung, jedem Verhalten, jeder Haltung, Arbeit und Liebe seine Individualität, seine Eigenheit verleiht.

EIN TEIL IN MIR

Wie toll das klingt: Ein gutes Leben, das mir erlaubt, etwas zu erkennen und mich gleichzeitig durch all meine Handlungen zu erkennen zu geben. Doch wie gut finden das die anderen? So gut das klingt, es ist mit ebenso vielen Konflikten behaftet. Erst wenn man sich zeigt, wenn man sich durch seine eigenen Wünsche und Forderungen zu erkennen gibt, stößt man auf Widerstand. Ein Widerstand, der zum Leben dazugehört. Ein Widerstand, der einen nicht klein macht, sondern lediglich zeigt: bis hierher und nicht weiter. Ein gutes Leben bedeutet nicht ein konfliktfreies Leben oder ein Leben ohne Streit. Es ist verbunden mit vielen Entscheidungen. Ist das, was ich möchte, auch gut für andere? Ist es gut für mich, wenn ich langfristige Ziele habe? Es ist immer ein Teil in mir, der vor der Entscheidung steht: sozial erwünscht oder individuell? Als Kind hieß das: Darf ich das oder wird geschimpft? Meiner Erfahrung nach ist die Behinderung hierbei ein großer Nachteil, denn auch wenn ich mich noch so sozial erwünscht verhalte, gelte ich als aus der Norm fallend. Ich kann noch so schön angezogen sein, es wird wenig auffallen.

Das Kind fragt „Darf ich das?", wenn es um richtiges Verhalten geht, während der Erwachsene fragt „Was kostet mich das?" Was ist der Preis einer Idee? Damit ist nicht (nur) Geld gemeint.

Ob ich mich traue, etwas von mir zu zeigen und ob ich dadurch riskiere, gegen sozial Erwünschtes zu handeln, hängt hauptsächlich vom Selbstwert ab. Dieser entwickelt sich in Form eines Lernprozess: das Mögen und das Akzeptieren des eigenen Körpers, der immer mehr kann und durch den wir zeigen können, wer wir sind und wie wir sind. Dieser Prozess beginnt in der Kindheit.

Manche menschlichen Eigenschaften, die zu einem glücklichen Leben gehören, wie zum Beispiel Selbstvertrauen, Selbstwert, Mut oder frei zu sein von Angst, respektvoll, liebend und geliebt zu sein, inhaltlich beschäftigt zu sein, lassen sich am einfachsten anhand von Beispielen darstellen. Auch was passiert, wenn diese Eigenschaften oder Attribute fehlen.

Beinahe täglich bin ich als Psychologe mit Menschen konfrontiert, die keinerlei körperliche Erkrankungen haben, die in ihren Augen einen erfüllenden Beruf haben, jedoch über extreme Müdigkeit und Erschöpfung sowie Lustlosigkeit und fehlendes Interesse an Hobbys und Freizeitaktivitäten klagen. Meist erfolgt die Zuweisung mit der Frage nach Abklärung auf Burnout, Depression oder Angststörung. Diese Menschen berichten, dass sie zu nichts mehr im Stande seien, schlecht schliefen und so nicht weiterleben wollten. Selbst wenn sie es wollten, sie könnten nicht mehr, so zittrig, müde, ängstlich und schwach seien sie. Das Vertrauen in andere Menschen sei verschwunden. Oftmals wird eine tiefe Unsicherheit bei beinahe jeder Tätigkeit empfunden. Alles wird nachgefragt und hinterfragt. Dieses Nachfragen erhöht somit die Abhängigkeit von anderen Menschen, obwohl das genaue Gegenteil erreicht werden möchte, nämlich Unabhängigkeit und das Gefühl der Freiheit.

Auf den ersten Blick wirken diese Menschen komplett unauffällig und gesund, beschreiben Freude an ihrer Arbeit und ihrer Familie, haben jedoch große Probleme mit Kollegen oder Vorgesetzten. Diese Probleme sind aber unsichtbar, selten anhand von offenen Streits erkennbar. Sie gestalten sich durch häufige Kontrollen sämtlicher Tätigkeiten, durch Fragen danach, ob, wann und wie etwas gemacht wurde, durch das Kommentieren von Kleinigkeiten, teilweise durch üble Nachrede und Bemerkungen, die zwar politisch korrekt aber menschlich unnötig sind.

Hierdurch wird gezielt die Freude an der Arbeit genommen. Gezielt, aber nicht unbedingt absichtlich. Auch eine führende Persönlichkeit mit einer Zwangsstörung kann Burnout bei seinen Mitarbeitern verursachen, da permanente Fragen, Kontrollen sowie der Druck, der von diesen Menschen ausgeht, auf Dauer nicht auszuhalten sind. Die Betroffenen, die sich ständig hinterfragt fühlen, denken fast ununterbrochen an Situationen in der Arbeit, fürchten sich permanent vor einer Konfrontation oder davor, anhand kleiner Bemerkungen wieder schlecht gemacht zu werden. Durch die permanente Beschäftigung mit der Erniedrigung und dem Gefühl klein, unwichtig und wertlos zu sein, oftmals trotz hochwertiger Ausbildung, entwickeln diese Menschen langsam Symptome, die tatsächlich einer Depression und Angststörung entsprechen.

Und was fragen mich diese Menschen: „Wieso sind die anderen so?" – „Wieso ist der Chef auch gegen mich?" – „Wieso kann ich mich nicht wehren?" – „Bin ich so erzogen?"

Die Aufgabe der Psychologie – und damit meine Aufgabe – besteht darin, mittels unterschiedlicher Gesprächsverfahren, Tests und Verhaltensbeobachtungen zu klären, wie, weshalb und mit welcher Wahrscheinlichkeit Leistungen und

Verhaltensweisen auftreten oder nicht auftreten. Für zahlreiche Spezialgebiete und Krankheitsbilder existieren eigene diagnostische Verfahren, die sich jeweils mit Teilaspekten der Psyche befassen.

Anhand des Beispiels eines Menschen mit Burnout-Symptomen, die sich klinisch unter anderem durch Erschöpfung, Depression und Angst darstellen, erscheint es verständlich, dass bei diesem Menschen Konzentration, Merkfähigkeit, Genauigkeit und Geschwindigkeit beim Arbeiten stark reduziert sind. Diese Schwächen sind mit psychologischen Testverfahren auch objektiv nachweisbar. Die Ursache scheint ebenfalls klar. Klar scheint auch, dass die Leistung in diesem Arbeitsumfeld, unter diesen Bedingungen nicht besser werden kann.

Doch was muss sich ändern und was muss mit diesem Menschen besprochen werden, damit das Leben wieder genossen werden kann?

Die gängigen Modelle von Krankheit und Gesundheit orientieren sich an Mängeln, die ausgeglichen werden müssen.

In einer Kurzzeittherapie bezogen auf das obige Beispiel würde man sich darauf konzentrieren, wie der Selbstwert erhöht wird, wie man anders kommunizieren kann, um einen Platz innerhalb

dieser Arbeitsstruktur zu finden, der einem guttut. Wie kann man gegen seine Angst ankämp-
fen, gegen die Unsicherheit und die Sorge, die
Kontrolle zu verlieren? Oftmals treten diese
Probleme bei Menschen auf, die an der Spitze
eines Teams oder Arbeitsprozesses stehen. Diese
Menschen arbeiteten jahrelang ohne Hilfe und
ohne Fragen – das Vertrauen in die eigenen Fähigkeiten geht ebenfalls verloren. Es entsteht für
mich der Eindruck, als wäre der Wunsch da, gegen die „bösen" Aussagen von Kollegen immun
werden zu wollen. Selbst wenn man gegen das
Gift einer Schlange immun ist, stellt sich doch
die Frage, ob man tatsächlich täglich gebissen
werden möchte. Die Diskussion geht also eine
Ebene weiter und man wird sich fragen, wie sich
der Vorgesetzte mit diesem Problem auseinan-
dersetzt. Welcher Führungsstil lässt üble Nachrede zu und erlaubt, dass einzelne Mitarbeiter
ausgegrenzt werden? Oftmals höre ich dann „der
Chef mag mich auch nicht und glaubt den anderen". Auch mögliche Lösungen, wie ein Arbeits-
platzwechsel innerhalb derselben Firma werden
diskutiert. Das Resultat ist auf der Gefühlsebene
oftmals, dass diese Menschen dann die Sorge haben, dass der Vorgesetzte bereits mit der neuen
Abteilung gesprochen hat und dass deswegen

eine Veränderung der Umstände nicht möglich ist. Die Probleme werden mitgenommen, eine geografische Lösung der sozialen Probleme ist somit ausgeschlossen.

In einer Langzeittherapie würde man bei diesem Beispiel relativ bald hinterfragen, wie der Patient erzogen wurde. Was höre ich da oft? „Ich wurde dazu erzogen ehrlich zu sein, nicht zu lügen, nicht gemein zu sein, ich habe nie gelernt mich richtig zu wehren, ich bin pflichtbewusst erzogen worden …" Auch jene Gruppe von Menschen, die das Gegenteil genossen haben, begegnet mir häufig mit Aussagen wie: „Der Vater war nie anwesend, die Mutter hat sich nicht um mich gekümmert, ihr war alles egal, ich konnte die Schule nicht abschließen …"

In beiden Gruppen wurden jeweils Werte, Normen und Eigenschaften vermittelt, die eine lösungsorientierte Konfrontation, ein Sich-behaupten-müssen und erfolgreiches Streiten in den Hintergrund rückten.

Es geht also darum, die Früchte der Erziehung noch einmal zu betrachten und sich selbst so zu erziehen, dass man nicht ständig, mit dem Gefühl klein und wertlos zu sein, an sich zweifelt. Es geht aber auch darum, ein gutes Leben zu führen unabhängig davon, was der Chef oder Vorgesetzte davon hält. Ein Führungsstil beginnt in jedem von uns. Respekt und Achtung werden zwar oft automatisch mit einem Beruf verbunden, müssen aber immer und bei jedem verdient werden. Ein Vorgesetzter hat es einfacher, denn er hat die Macht erlangt, sich auch durch Angst und Unterdrückung Respekt zu verschaffen. Zumindest am Arbeitsplatz.

Dieses einfache Beispiel, mit dem ich mich oft konfrontiert sehe, zeigt, dass es sich lohnt mit Erziehung und Führung auseinanderzusetzen. Unabhängig von diversen Führungs- und Erziehungsstilen sowie unabhängig von Krankheits- und Gesundheitsmodellen ist es eine Art innere Orientierungslosigkeit, die hier als Problem in den Vordergrund gestellt wird. Eine Orientierungslosigkeit, die gleichzeitig aus einer hohen Tendenz besteht, sich über äußere, sichtbare Werte zu definieren. Eine Orientierungslosigkeit, die einem gesunden Menschen zu Beginn seiner Berufstätigkeit gar nicht auffällt. Denn wenn man ordentlich gekleidet ist, tut was der Chef von einem verlangt, sich gut integrieren kann und dafür Anerkennung, Lob und Respekt erhält, erübrigt sich die Frage des „wozu". Tritt man mit einer Behinderung einen Arbeitsplatz an, ist es genau umgekehrt. Ich kann in meinem Rollstuhl noch so wunderbar gut gekleidet aussehen und eine Qualifikation vorlegen; die Frage „Wozu geht der arbeiten?" stellt sich von Anfang an viel eher. Sie drängt sich förmlich auf, denn der Staat sorgt durch Mindestsicherung dafür, dass ich mich ganz meiner behinderten Situation widmen kann. Zum Glück! Denn erst wenn ich weiß, was ich brauche und möchte, und erst wenn ich weiß, was ich auch wirklich kann, erst dann bin ich auch arbeitsfähig. Dann ist die Orientierungslosigkeit gelöst und die äußeren, sichtbaren Werte treten in den Hintergrund. Erst dann bin ich weniger davon abhängig, ob ich gelobt werde oder nicht, ob ich von Arbeitskollegen den Respekt erhalte, den ich verdiene oder nicht. Der Respekt den ich brauche, der kommt dann von innen aufgrund der Tätigkeit, die ich verrichte und der Philosophie mit der ich lebe. Der Kritik anderer Menschen kann ich erst so begegnen. Natürlich ist es angenehmer, respektiert und geachtet zu werden. Wenn ich aber weiß, weshalb ich arbeiten möchte (von Geld einmal abgesehen) und meine Ziele lebe, so bin ich vom Führungsstil meines Chefs unabhängig.

Dieses Phänomen der Abhängigkeit von der Meinung eines Vorgesetzten begegnet mir oft und scheint das Denken und Handeln vieler Patienten oder Klienten zu bestimmen. Es betrifft aber nicht nur mich als Psychologe, sondern jeden der aufgrund seines Berufes oder seiner Berufung jemanden anleiten und führen muss. Es ist ein emanzipatorischer Prozess, der Männer und Frauen ausnahmsweise gleichermaßen betrifft.

EIN REZEPT FÜR EIN ZIEMLICH GUTES LEBEN

Die Debatte wie man zu einem guten Leben kommt oder wie man das Glück findet, wird mit sehr viel Ernst und großer Sachlichkeit geführt, und jene Menschen, die auf der Suche danach sind, würden sich möglicherweise zu wenig respektiert und missachtet fühlen, würde man ihnen eine Anleitung präsentieren oder ihnen sagen, wie das gehen soll. Wie man zu einem guten Leben kommt, ist eine Frage, die wahrscheinlich jeden von uns beschäftigt, und es ist ein viel zu ernstes Thema, um es mit einfachen Rezepten leichtfertig abzutun.

Seit fast fünfzehn Jahren bin ich als Psychologe tätig und sehe seither beinahe täglich Menschen, die schwer krank sind. Menschen, die bald sterben werden. Menschen, die Dinge erlebt haben, denen man nur sprachlos begegnen kann. Menschen, die verzweifelt sind und Menschen, die mit ihrem Leben und ihrem Schicksal schwer zurechtkommen. Aber ich sehe viele von diesen Menschen als jene an, die ein gutes Leben führen oder geführt haben. Zum Teil sehen die das auch so. Jeder einzelne von uns sieht diese Menschen ebenfalls, aber mit mir wird über manches gesprochen weil ich eben Psychologe bin. Und mit mir gemeinsam wird viel überlegt, wie man zu einem guten Leben gelangt. Die Inhalte dieser Überlegungen, was es für ein gutes Leben braucht, gestalten sich folgendermaßen:

• Gesundheit als allererster Begriff. Menschen die gesund sind, wollen es bleiben, chronisch kranken und behinderten Menschen genügt Schmerzfreiheit und die Möglichkeit mit den vorhandenen Ressourcen, eine gute Lebensqualität zu erreichen. Gesund zu leben als Lebensstil: Für ein erfülltes Leben ist das sehr angenehm, aber in Summe weniger wichtig würde ich aus heutiger Sicht sagen. Aus meiner Sicht ist es also nicht die Gesundheit, die am wichtigsten ist, sondern vielmehr die Schmerzfreiheit.

- Selbstständigkeit und Beweglichkeit – „Ich möchte nicht von anderen abhängig sein!", das höre ich oft. Auch hier würde ich aus heutiger Sicht sagen, dass Selbstständigkeit und Beweglichkeit weniger wichtig sind. Ich kenne Menschen, die lassen sich aufgrund ihrer Krebserkrankung jede Gliedmaße amputieren, nur um zu überleben. Diese Menschen können das nur aushalten, weil sie ein gutes Leben haben, weil sie die Liebe und einen Sinn im Leben sehen.

- Intimität und Sex – „Was ist ein Leben ohne Sex?", auch das höre ich oft. Selbst hier würde ich gerne schreiben: weniger wichtig. Intimität, Romantik und Sexualität bergen eine starke Energie in sich, durch die man zeigen kann – und muss –, wie man wirklich ist. Ein Sich-zeigen auf körperlicher und gleichzeitig geistiger Ebene. Intimität und Sex in wertschätzender Form, nur das ist wichtig. Denn Sex kann auch zur Sucht oder zur Perversion werden, wenn nicht richtig mit dieser Energie umgegangen wird. Trotzdem denke ich, dass es einen gesunden Umgang ohne Perversion mit dieser antreibenden Kraft gibt, die nicht nur durch den Geschlechtsverkehr ausgelebt werden kann.

- Arbeit – das Glück an der Arbeit liegt in der Verwirklichung einer Idee, nicht in der Arbeit an sich. Arbeit ist wichtig, um einen Platz in der Gesellschaft einzunehmen, und Arbeitslosigkeit lässt kein gutes Leben entstehen. Mit großem Respekt jenen Menschen gegenüber, die heutzutage keine Arbeit finden können, muss ich dennoch sagen, dass aus meiner Sicht der Faktor Arbeit weniger bedeutsam ist für ein glückliches Leben, denn auch Pensionisten können ein gutes Leben haben, ebenso wie Millionäre und Künstler. Wichtig ist eine Idee im Leben, die uns beschäftigt und die liebevolle Hinwendung zum Tun. Sich unabhängig von Bezahlung, die Freude am Tun zu bewahren; jeder Künstler macht seine Idee zur Arbeit.

- Intelligenz wie auch ein Studium halte ich ebenfalls für weniger wichtig, allerdings kann Intelligenz dabei helfen, sich seinen Beruf selbst zu erfinden. Wissenschaft bedeutet, etwas zu erkennen und dafür braucht man nicht nur Intelligenz, sondern vor allem Neugierde und Liebe für eine Sache, die aus dem Wissen Bildung werden lässt.

- Geld steht einem guten Leben sicherlich nicht
  im Wege, ist aber ebenfalls ein weniger wichtiger Faktor für ein ziemlich gutes Leben. Ich
  kenne mittlerweile viele Menschen, die trotz
  einer Menge Geld kein gutes Leben haben.
  Einigen machen Geld und Besitz sogar große
  Angst. Geld könnte man als einen Weg oder
  eine Art betrachten, sich zu behaupten. Ab
  einer gewissen Menge wächst aber auch die
  soziale Verantwortung, die sich im Fördern
  und Unterstützen von Krankhäusern, der Forschung, von Künstlern oder einfach in der Unterstützung von armen Menschen äußern kann.

- Schönheit ist für ein glückliches, geschweige
  denn erfülltes Leben weniger wichtig würde ich aus heutiger Sicht sagen; leider, auch
  wenn ein schöner Körper den Selbstwert kurzfristig heben kann, da er einen hohen sozialen
  Marktwert hat. Ein schlanker weiblicher oder
  ein großer männlicher Körper stehen einem
  guten Leben sicher nicht im Weg, sind hierfür
  aber nicht zwingend nötig. Wie viele hübsche
  Menschen und Models leiden an psychischen
  Störungen und/oder wählen den Freitod, weil
  sie mehr sind als nur hübsch und dieses Mehr
  nicht ausleben oder zeigen können?

- Religion und Glaube – zumindest nicht als Gegenspieler der Angst (die viele Menschen haben), sondern eher als Form von Liebe – Gott ist die Liebe *(1. Johannes 4,16b)*. Der Glaube daran selbst gut und liebenswert zu sein, ist essenziell. Die Theologie als Wissenschaft mit unterschiedlichen Religionen als Sinngebungssystemen, ist das einzige, das den Menschen einen Wert gibt. Wissenschaft folgt der Logik und nicht den Werten. Die Wissenschaft ist frei. Religion kann den Menschen Halt und Orientierung geben, insbesondere wenn sie nicht als strenges, Angst machendes Regelwerk, sondern als Form umfassender Liebe verstanden wird. Dazu gehört auch der Glaube daran, selbst gut und liebenswert zu sein.

Was bleibt da noch übrig? Man könnte lange darüber diskutieren, welcher der genannten Punkte wichtiger oder weniger wichtig ist, und für jeden einzelnen wird die Gewichtung wieder anders ausfallen.

Das worauf es im Leben ankommt, das ist nicht unmittelbar sichtbar. Doch wie kann ich das, was ich sehe und erfahren habe, beschreiben und messbar machen? Auf der Suche nach der Glücksformel wandte ich mich an eine Kollegin, die eine große Leidenschaft für Statistik und Methodenlehre entwickelt hat, Elisabeth Ponocny-Seliger. Es war uns beiden bewusst, dass das Glück aus mehreren Elementen besteht und uns wurde klar, dass das Glück keines mehr sein kann, wenn auch nur ein Element vernachlässigt wird. Somit wurde der Glücksindex postuliert:

Seelen- oder Glücksindex
Glück = Empathie x Selbstwert x Mut zum Scheitern

Das Glück besteht somit aus einer Art Fassdauben-Modell: Aus dem Einfühlungsvermögen (Empathie), mal dem Selbstwert, mal dem Mut zu scheitern. Das Glück steht und fällt mit dem schwächsten Glied. Ist eines der drei Elemente auf null ist alles null. Das Rezept für ein gutes Leben besteht also darin, einfühlend zu sein, einen hohen Selbstwert zu haben und sich zu trauen, etwas zu tun mit dem Risiko, es könnte nicht gelingen. Wenn ich von Einfühlungsvermögen spreche, dann spreche ich von Mitgefühl, denn auch ein Sadist weiß, wie es sich anfühlt für den, der gequält wird, aber er hat daran eben Freude, weil er eben nicht mit-fühlt, sondern sich am Leid des Gequälten erfreut.

Empathie, Selbstwert, Mut zum Scheitern: Für ein gutes Leben genügt das. Das Streben nach Glück, Erfolg und Disziplin wohnt uns Menschen von Natur aus inne, bedarf keiner speziellen Ausbildung. Wir müssen nur lernen, diesem Instinkt, unserer Neugierde und unserem Interesse zu folgen. Dieser Lernprozess wird automatisch während wir aufwachsen entwickelt und hängt somit stark davon ab, wie wir erzogen werden.

Wie soll man nun erziehen, um Orientierungslosigkeit und zerstörerisches Verhalten zu vermeiden? Ich will mit einem Zitat antworten:

„Den Erziehungsanspruch zu durchschauen als seinem Wesen nach intolerant, misstrauisch, totalitär und auf Entselbstung zielend, ist die Voraussetzung dafür, die Erziehung nicht nur als überflüssig, (…) sondern auch als kinder-menschen-lebensfeindlich, als verbrecherisch zu erkennen." EKKEHARD VON BRAUNMÜHL

Auch wenn man mich nicht kennt, so wird durch dieses Zitat deutlich, dass ich kein großer Freund davon bin, Kinder und Erwachsene dazu zu bringen, sich anzupassen, täglich viel leisten zu *müssen*, Dinge zu erlernen, um den Eltern oder dem Chef zu gefallen oder immer guter Laune zu sein und wenig zu weinen.

Kinder wie auch Erwachsene leisten von alleine viel, wenn man sie lässt, anleitet, führt oder es vorlebt. Das Tun und Aktivsein bereitet Freude. Die Fragen nach der Liebe und nach der Erziehung sind inhaltlich relativ ähnlich. Wie soll ich meine Frau lieben, damit sie glücklich wird? Das Buch von Joachim Bauer „Warum wir von Natur aus kooperieren" zeigt aus psychologischer und neurobiologischer Sicht, wie menschliche Zellen auf Zuneigung und Abweisung reagieren. Wenn ich das Buch richtig interpretiere, so sind Körperzellen durch Liebe und Zuneigung ausbalanciert und damit in einem biologischen Gleichgewicht. Stress und soziale Ablehnung erzeugen ein Ungleichgewicht. Der Körper strebt Ausgeglichenheit an. Man kann hieraus schließen, dass gutes Benehmen das Resultat einer Erziehung ist, die durch Auseinandersetzung spielerisch oder durch Beobachtung Werte vermittelt und weniger durch Zwang, Angst oder Gewalt. Gutes Benehmen kann auch infolge von Gewalt entstehen, aber den Sinn einer Sache erkennen und übernehmen kann durch Gewalt nicht erreicht werden. Das Buch „Alphabet" von Erwin Wagenhofer, Sabine Kriechbaum und André Stern zeigt beeindruckend, das Ergebnis von erzieherischen Methoden, die das Ziel haben, Kinder intelligenter und leistungsfähiger zu machen, zum Beispiel möglichst früh lesen und schreiben zu lernen oder zu studieren und so weiter. Es zeigt sich ein höherer IQ und mehr Leistungsfähigkeit, dies allerdings auf Kosten der Lebensfreude und des Lebenswillens. Dem Leistungsanspruch nicht zu entsprechen, sozusagen zu scheitern, bedeutet dann, ein schlechtes Leben führen zu müssen. So entsteht die Idee und die Wertvorstellung, dass nur ein Studium eine gute Arbeit und viel Geld ein gutes Leben ermöglichen können. Gleichzeitig beschreibt das Buch anhand der Entwicklung von André Stern, dass man auch ohne Streben nach Leistung und ohne Schule an Bildung, Wissen, Beruf und Geld kommen kann, wenn man sich der Lebensfreude widmet. Somit widerlegen die Autoren sehr eindrucksvoll die Bedeutung des Leistungsstrebens.

DEM KONZEPT DER SEELE FOLGEND

Einen Zugang zur Seele und zu dem was wir sind, können wir nur erahnen oder über andere Menschen erlangen. Natürlich können wir auch ohne Rücksicht auf Verluste pure Selbstverwirklichung anstreben, das Glück benötigt jedoch Mitgefühl. Ohne ein *Du* gibt es kein *Ich*. Das Grundprinzip seelischer Bedürfnisse lautet: Durch Akzeptanz, Liebe, Grenzen, Lob, Freude und Zutrauen lernen wir das grundlegende seelische Bedürfnis erkannt zu werden, zu befriedigen, indem Individualität positiv bewertet wird. Fehlt diese positive Erfahrung erkannt zu werden, findet die Seele einen negativen Weg sich zu zeigen, entweder in Form von Krankheit, Trauer, Depression, Angst oder in Form von Taten, die nicht sozial erwünscht sind, wie beispielsweise Delinquenz, Vergewaltigung oder Perversion.

Diesem Grundprinzip sind mehrere Faktoren untergeordnet. Dies sind Werte, psychische Inhalte (Über-Ich, Ich, Es), Einfühlungsvermögen (Empathie) und Stimmung. Diese Faktoren sind bis zum Abschluss der Pubertät zu entwickeln und spielen zeitlebens eine Rolle.

Der Mensch ist ein soziales Wesen, braucht andere Menschen und ist somit auf Eingliederung in eine Gesellschaft auf irgendeine Art angewiesen. Wir brauchen andere Menschen, um uns selbst definieren zu können. Nur anhand anderer können wir uns selbst erkennen.

Ob der Platz in der Gesellschaft erreicht wurde, der einem vermeintlich zusteht oder nicht, kann nur erahnt werden. Eine Ahnung, die in Form von Gefühlen auftritt. Fühlt man sich wohl, hat man den richtigen Platz, um sich auszudrücken und dann wünscht man sich in der Regel auch keine Veränderung. Passt etwas nicht, so dient ein unangenehmes Gefühl als Wegweiser für eine andere gesellschaftliche Stellung. Dieses unangenehme Gefühl muss nicht immer nur von innen kommen. Oft sind es Freunde, Bekannte, Kollegen oder Vorgesetzte, die einen auf etwas hinweisen und so ein Gefühl auslösen. Das klingt sehr einfach. Aus psychologischer Sicht ist aber besonders das Wort Gefühl eine Herausforderung. Gefühle sind nämlich wechselhaft, unklar, vage und von momentanen Umständen abhängig. Was der Körper fühlt wird von Gedanken interpretiert und als Gefühl geäußert. Wenn in einer Liebesbeziehung ein Partner den anderen mehr liebt als der andere, kann es sein, dass der mehr Liebende ständig Kopfweh hat, an Erbrechen oder Übelkeit leidet, und zwar deshalb, weil er weniger geliebt wird. Der Körper *fühlt* bereits, dass weniger Liebe vorhanden ist und die Gedanken führen dazu, dass ihm schlecht wird, er Kopfweh hat oder sich übergeben muss. Übelkeit, Kopfweh und Erbrechen können auch auftreten, wenn die Seele nicht leidet, sondern wenn man zu viel getrunken hat, aber der Körper hat nur sich selbst, um Gefühle auszudrücken. Diesen Unterschied zu erkennen – ob ich zu viel getrunken habe oder ob mein Körper mir etwas weit Bedeutenderes mitteilen möchte – bedeutet auf sich und seine Seele zu achten.

Auch mehr als hundert Jahre nach Einführung des Strukturmodells der Psyche von Sigmund Freud bleiben die Psyche und das menschliche Verhalten in vielerlei Hinsicht ein Rätsel. Wir wissen beispielsweise nicht weshalb schöne, reiche Menschen auch eifersüchtig, magersüchtig, suizidal und so weiter sind und deswegen genauso kranke Taten tun können wie diejenigen, denen die Gesellschaft einen Grund eingesteht eifersüchtig und so weiter zu sein.

Nun wissen wir um die Existenz und die Macht eines Unterbewusstseins, um die Bedeutung von Normen, Werten, Regeln, Strafen und Belohnungen sowie um die Bedeutung, ein Bewusstsein zu entwickeln, können aber dennoch schwer mit diesem Wissen umgehen. Was oder wer nämlich Inhalte zuteilt, was/wer also bestimmt, was bewusst oder unbewusst gespeichert wird, und vor allem weshalb, dass gilt es noch zu klären. Wir wissen also noch nicht, weshalb ein Erlebnis oder Wert in das Überbewusstsein kommt und ein anderes Erlebnis ins Unterbewusstsein. „Um uns zu schützen" war der psychoanalytische Aspekt, der Inhalte des Unterbewusstseins rechtfertigte, und der bis heute in der Psychologie wirkt. Für traumatische Erlebnisse ist diese Zuteilung zum Unterbewusstsein mit Sicherheit richtig. Das Unterbewusstsein beinhaltet jedoch wesentlich mehr Aspekte als nur Traumata. Jedes Lebensereignis, das mit Scham, Schwäche und Verlust erlebt wird, kann unterbewusst abgespeichert werden und sich so im Alltag auswirken.

Beispielsweise kann eine vierzigjährige Frau, die sich immer ein Kind wünschte, diesen versagten Wunsch als so traumatisierend erleben, dass sie ein Kind entführt. Aber auch die Schönheitschirurgie lebt von der Scham und von den Werten, die aus dem Unterbewusstsein heraus wirken.

Dieser Ansatz, dass nur Traumata unterbewusst sind, ist meiner Meinung nach zu wenig aussagekräftig. Viele Menschen, die sich scheinbar in oder vor der Gesellschaft nicht schützen müssen, verfügen auch über diese Systeme der Verdrängung. Sowohl das Verdrängen als auch das Regelbewusstsein, das „das gehört so", hat meines Erachtens nach noch eine weitere Aufgabe. Es muss auch darum gehen, etwas durch die Zuteilung in bewusst oder unbewusst zu erreichen. Erreicht werden kann hierdurch nämlich auch eine Form der Selbstdarstellung und der Selbstbehauptung. Man kann sich einfach durch diese Zuteilung als „gut", „richtig" und „wertvoll" darstellen, ohne selbst die sogenannte Seele befriedigen zu müssen. Sich nach den gesellschaftlich gültigen Werten zu verhalten, genügt der Seele kurzfristig. Man wird ja gemocht. Auch durch Einkaufen der Sachen, die gerade „in" sind, kann dieses Selbst kurzfristig als wertvoll dargestellt werden. Dieses Etwas, das diese Zuteilung in bewusst und unbewusst vornimmt, habe ich in meinem ersten Buch „Ohne Leib mit Seele" anhand eines psychischen Konzeptes dargestellt, an dem logisch nachvollziehbar ist, was uns antreibt und welchen Sinn, beziehungsweise welche Aufgabe wir in diesem Leben haben. Jedes Verhalten das zeigt, wie wir wirklich sind, aufgrund dessen wir uns zu erkennen geben oder selbst etwas erkennen, wird – sofern sozial akzeptiert – als sinnvoll erlebt. Alles was somit einer erfolgreichen Selbstdarstellung dient, wird als positiv und sinnvoll erlebt.

Wird die positive Selbstdarstellung nicht gelebt, so findet die Seele ihren Ausdruck in negativer Selbstdarstellung. Dies kann bewusst, unbewusst, gewollt oder ungewollt erfolgen, beispielsweise im Rahmen eines Zwanges.

Ein junger Mann, der den ganzen Tag auch während seiner Arbeit geschätzt wird, kann sich nach der Arbeit gelassen in sein Auto setzen und gemütlich wegfahren. Wird dieser junge Mann den ganzen Tag nicht beachtet oder gar verspottet, wird er sich weniger gelassen in sein Auto setzen und wahrscheinlich davonrasen. Seine aggressive und rücksichtslose Fahrweise auf dem Nachhauseweg wäre ein guter Ausdruck für eine negative Selbstdarstellung, die wahrscheinlich für ihn als angenehm und als Prozess der Erlösung und Befreiung empfunden wird: „Jetzt kann ich sein wie ich bin."

Wir müssen also einen kooperativen Weg finden, der sein zu können, der wir sind. Finden wir diesen nicht bewusst, so wählt unser Unterbewusstsein eine Form des Ausdrucks. Dies kann von Verhaltensauffälligkeit über Krankheit und Schmerz bis hin zu ungewollten Verbrechen führen. Durch Bewusstseinsbildung und die Verbesserung der Kommunikation ist es möglich, Wünsche, Ängste, Erwartungen und Befürchtungen derart mitzuteilen, dass das Leben so gestaltet werden kann, dass keine pathologischen Verhaltensweisen auftreten. Das heißt nicht, dass die Wut im Bauch nicht kommt, wenn etwas nicht gelingt. Es heißt nicht, keine Feinde mehr zu haben und das Leben nur mehr positiv zu sehen. Es bedeutet lediglich, der Forderung Nietzsches nachzukommen, die „Werde, der du bist!" lautet.

WIESO LESEN?

Kann das Lesen und Nachdenken über etwas so Essenzielles wie die Seele wirklich dazu beitragen, Gefühle zu verändern? Noch dazu Gefühle mein Verhalten im Alltag betreffend, wie zum Beispiel, wie ich mit anderen rede oder die Art und Weise, wie ich mich und meine Kinder erziehe? Ja, das kann es, sogar auf mehreren Ebenen:

- Auf der medizinischen/körperlichen Ebene: weil es zu physiologischen Veränderungen aufgrund von Gefühlen kommen kann, sowohl in Form von mehr Gelassenheit, als auch in Form von mehr Aufregung (Herzrasen, schnellere Atmung und so weiter).

- Auf der politischen Ebene: weil ein Verstehen des anderen zu mehr Toleranz führt; das Zusammenleben kann dann durch Veränderungen in der Politik reibungsloser gestaltet werden, wenn alle Menschen in einer Gesellschaft verstanden und gehört werden; versteht die Politik beispielsweise nicht die größer werdende Gruppe der Burnout-Patienten, so werden diese durch Verschreibungen systematisch noch kränker.
- Auf der juristischen Ebene: weil zur rechtlichen, im Sinne der gesetzlichen Maßnahmen, auch die Gerechtigkeit hinzukommen kann; wir haben ein Rechtssystem, das oftmals zurecht ausgenutzt werden kann – und die Gerechtigkeit ohne Einwand bleibt.
- Sowie auf der therapeutischen Ebene: weil innere Normen und Werte sich ändern können; „so habe ich das noch nie gesehen", heißt immer auch ein neues Gefühl für etwas zu entwickeln.

In meinem ersten Buch habe ich dargestellt was den Menschen ausmacht und antreibt; hierfür habe ich beispielhaft meine eigene Entwicklung herangezogen, um auf die Wichtigkeit beziehungsweise Unwichtigkeit eines perfekten Körpers hinzuweisen.

Die Reaktion einiger Patienten die mich bereits länger kannten, war die Frage, ob es mich nicht störe, dass sie jetzt auch etwas über mich wüssten. Eine psychotherapeutische Beziehung fordert stets eine sogenannte „Abstinenz" des Therapeuten. Das heißt, dass die Probleme des Therapeuten nicht in die Beratung mit einfließen sollten. Diese Forderung muss gegeben bleiben, es gilt jedoch zu hinterfragen, ob es genügt, dass man wenig von jemandem weiß. Ich kenne Kollegen, die viermal verheiratet waren und selbst psychiatrisch behandelt wurden und nun Paare bei Eheproblemen beraten, ohne ihre eigene Vorgeschichte den Patienten gegenüber jemals erwähnt zu haben. Etwas so Wichtiges darf, ja soll sogar angesprochen werden, damit es eben keinen Einfluss hat. Der Psychiater oder Therapeut kann und muss nicht perfekt sein. Einen so bedeutsamen Aspekt vor den Patienten zu verbergen, genügt allein jedoch oft nicht. Denn es gibt Studien, die belegen, dass Übertragung und Gegenübertragung unbewusst stattfinden. Somit ist es bedeutsam, etwas bewusst zu machen. Es gibt amerikanische Studien, die belegen, dass Paare nach einer Beratung bei einem geschiedenen Therapeuten signifikant häufiger geschieden werden, im Vergleich zu Paaren, die bei einem nicht geschiedenen Therapeuten zur Beratung waren. Es ist also von großer Bedeutung zwischen Einfluss und dem Wissen um etwas zu unterscheiden.

Aus diesem Grund habe ich entschieden, mich abermals im Bezug auf einige Situationen als Beispiel heranzuziehen, wenn es darum geht, der Frage nachzugehen wie wichtig ein makelloser Körper für das Wohlbefinden ist. Meine Behinderung vollkommen zu ignorieren, gleichzeitig ein Buch zu schreiben über das Glück und darüber wie unwichtig das Aussehen ist, kann ich nur glaubhaft, wenn ich mich selbst nicht ausschließe. Es ist nicht notwendig für einen Psychologen, alles zu verstehen, sehr wohl aber nötig, dabei zu helfen, dass das Gegenüber es versteht.

WAS IST WIRKLICH WICHTIG?

Ein blinder Mensch muss seinen Hund und sein Ziel kennen, sehen muss er beides nicht. Kann er auch nicht. Der Hund lernt zu gehen, wohin der Besitzer möchte, auch wenn dieser den Weg nicht sieht. Es stellt sich also die Frage: Wie erzieht man erfolgreich und wie führt man gut? Wie sollen wir uns zu anderen Menschen verhalten? Es lohnt sich, sich mit der Frage zu befassen, was Erziehung wirklich ist, wie Erziehung erfolgt und wie anschließend erfolgreich geführt werden kann. Von Kindheit an werden uns Wissen und Fähigkeiten vermittelt, um ein selbstständiges, freies, glückliches, erfolgreiches und langes Leben führen zu können. Hierfür ist es wichtig, sowohl die eigenen Gefühle wahrnehmen und vermitteln zu können, als auch die der anderen Menschen zu spüren und hierauf zu reagieren. Zu reagieren, um zu zeigen, was man möchte und was nicht. Die Art und Weise, wie man reagiert und wie man kommuniziert wird im Rahmen der kindlichen Entwicklung altersadäquat und der Kultur entsprechend geformt. Zu laut wird leiser gemacht, zu schnell langsamer, zu grob wird liebevoller und zu fröhlich wird ernster geformt. Der Natur des Menschen entsprechend – doch wer weiß, um die Natur des Menschen, wenn nicht die Wissenschaft? Die mit Logik argumentierende Sachlichkeit formt also ein vollkommen unlogisch fühlendes Wesen, welches nach Liebe, Sexualität, Macht und Geld strebt.

Und mit meiner Behinderung, wie weit lässt man da der Natur des Menschen freien Lauf? Die Probleme verglichen mit nicht behinderten Menschen mögen ähnlich sein, zur Freiheit jedoch muss man mir helfen. Hilfe beim Anziehen beispielsweise, damit ich am Sonntag in die Kirche fahren kann. Diese Hilfe stellt kein Problem dar. Doch Hilfe beim Anziehen, damit ich am Samstagabend weggehen kann, die bedarf einer gewissen Großzügigkeit. Denn da fahre ich nicht zur Messe, sondern ich laufe Gefahr mir zu schaden; durch Alkohol und Beziehungen, die mir nicht gut tun könnten. Ein Risiko, wie es jeder junge Mensch trägt, nur dass man mir aufgrund der Behinderung dazu auch noch verhelfen musste. Die Situation allein brachte mich nicht dazu, darüber nachzudenken, was ich habe und was ich riskiere. Es waren die Kopfschmerzen nach unglücklichen Abenden und die Gespräche mit Menschen, die mich mochten, nicht so mochten, kritisierten und lobten.

Die eigene Lebensführung betrifft und beeinflusst auch das Leben anderer Menschen sowie das Leben von Tieren und Pflanzen. Wir müssen also lernen, das eigene Leben zu führen und das der anderen mitzuführen. Was müssen wir hierfür lernen und wen müssen wir erziehen und beeinflussen, um ein selbstständiges und gutes Leben zu führen? Was müssen wir hierfür können, haben oder wissen? Was müssen wir sehen und was erkennen können? Allein diese Fragen stellen uns vor ein Rätsel, denn was wir wirklich haben und können müssen, bleibt verborgen.

Das Beispiel mit dem Blinden und seinem Hund darf auch auf andere Beziehungen angewendet werden. Ein Arzt muss seine Patienten und dessen Angehörige führen, ein Manager seine Mitarbeiter, ein Offizier seine Truppen, ein Geschäftsmann seine Kunden, jemand mit Kindern seine Familie, der Verheiratete eine gute Ehe. Jeder führt und wird zu bestimmten Zeiten des Lebens geführt.

Führen erfolgt – so wie das Übermitteln von Zuversicht, Hoffnung und Vertrauen – unbewusst. Jemand der führt, übermittelt einen Wert, ein Gefühl für etwas, das von den anderen empfunden und angenommen werden kann. Ob gern oder ungern ist weniger wichtig, die Überzeugung und Sinnhaftigkeit einer Idee sind entscheidend. Ein Gefühl für eine Sache, für eine Tätigkeit oder Handlung wird entwickelt. Der Körper signalisiert etwas, das im Gehirn durchdacht und zerlegt und so lange diskutiert wurde, bis das richtige Gefühl für eine Sache vorhanden ist. „So kann es gelingen" ist das, was der Körper signalisiert wenn jemand führt und jemand anderen von etwas überzeugt. Führen ist aber nicht nur die Überzeugung einer Sinnhaftigkeit für etwas, sondern auch das Vertrauen und Zutrauen in den anderen Menschen, diese Idee aktiv oder passiv mitzugestalten. Ein gutes Gefühl für das eigene Ego, besonders bei Ideen, die jemandem schaden, kann dieses dem Ego schmeichelnde Gefühl seine Kritikfähigkeit herabsetzen.

Heute müssen wir uns alle mit Führung und Erziehung befassen, denn die Macht liegt nicht mehr allein bei einem Wissenden, einem Chef, einem Vater oder einer Mutter. Jeder ist heute mit Rechten ausgestattet. Und mit einem Recht oder einem Gesetz ist Macht verbunden. Die Rechte von Kindern, Konsumenten, Arbeitern und Angestellten sowie von Patienten, chronisch Kranken, geistig und körperlich behinderten Menschen haben sich verändert. Das Recht auf Leben ab der zwölften Schwangerschaftswoche, das Recht auf Bildung, die Schulpflicht, das Recht nicht geschlagen zu werden, das Verbot von Kinderarbeit und so weiter.

Das alles rückt das Erziehungskonzept und das Führen von Familie, Haushalt und dem eigenen Leben in ein neues Licht.

Jeder einzelne wird mit mehr Kompetenz und mehr Selbstverantwortung ausgestattet. Das bedeutet mehr Führungsqualität für jedes einzelne Leben.

Das Streben nach einem sinnvollen Leben beziehungsweise die Frage: „Wie kann ich dieses führen und wie kann ich mich und andere hierfür erziehen?" ist nicht neu. Neu jedoch ist, dass jeder das Recht darauf und damit ein Quantum Macht erhalten hat: Das Recht auf den Patientenanwalt oder die Rechte, die durch die Gewerkschaften eingefordert werden, bringen beispielsweise Patienten oder Arbeitnehmer dazu, nachzudenken, wie der behandelnde Arzt oder der Arbeitgeber führt – wie er sie also überzeugt, etwas zu tun oder zu unterlassen.

Während in politisch totalitär geführten Systemen/Regimen der Kampf um Freiheit herrscht, kämpfen wir in Westeuropa damit, die erworbene Freiheit anhand von Rechten wieder zu teilen. Wir kämpfen damit, dass wir bemerken, dass diese Freiheit in einer Selbstbestimmtheit mündet, die nicht so absolut ist, wie sie scheint. Mit anderen Worten: je freier und unabhängiger wir sind, umso weniger Interesse haben wir an unseren Mitmenschen, umso weniger sinnvoll erscheinen uns Streitigkeiten um Kompromisse in Beziehungen und umso weniger Interesse bringen wir dem Wohl der Allgemeinheit entgegen. Man könnte also sagen: je freier – desto einsamer, wenn wir nicht lernen mit der Freiheit umzugehen.

WERDE, DER DU BIST

Im Oktober 2013 begann der Besitzer eines Nachtclubs mit mir eine Diskussion. Er hatte mein Buch „Ohne Leib, mit Seele" gelesen, in dem ich erkläre, dass ich einen Körper habe, den kaum jemand mit mir tauschen will, gleichzeitig aber ein Leben, von dem viele träumen. Er verstand, dass kaum jemand meinen Körper haben wollte, konnte aber nicht verstehen, was an meinem Leben wünschenswert war. Wer träume von so einem Leben? Als Psychologe, meinte er, wäre ich den ganzen Tag mit schweren Schicksalen, Elend und Leid konfrontiert. Außerdem würde ich wahrscheinlich nicht einmal ein Viertel von dem verdienen, was er einnehme. Was also mache mein Leben aus?

Ich überlegte. Es war bald klar, dass die Berufswahl wenig mit meiner Lebenserfüllung zu tun hatte, sondern die Tatsache, dass ich beruflich als Psychologe und privat als Mann und Vater der sein kann, der ich bin. Ich werde als der gemocht, bejaht und unterstützt, der ich bin. Nicht von jedem, aber von mir wichtigen Personen. Das genügt. Dass ich natürlich viele Pflichten erfüllen und viele Regeln, Normen und Werte aufbauen, entwickeln und einhalten musste und muss, das wird kaum sichtbar. Er meinte, wenn man mich so sprechen höre über mein Leben, dann würde die Behinderung und deren Auswirkung so verschwinden als existiere sie nicht. Er könne kaum glauben, dass ich in meiner Situation problem- und konfliktlos leben könne.

Die Forderung also – jeder hat es verdient, das gute Leben – die darf ergänzt werden. Und diese Forderung darf nicht missverstanden werden. Sie soll nicht respektlos wirken in dem Sinne, dass jeder dies locker erreichen könne. Das Schicksal vieler Menschen darf durch diese Forderung nicht geschmälert werden. Aber was sonst können wir fordern? Ergänzt muss sie allerdings werden:

Erstens durch den Umstand, dass wir gar keine andere Wahl haben, etwas anderes, etwas Besseres anzustreben. Da jeder Mensch ein soziales Wesen ist, bedeutet das Anstreben eines schlechten Lebens für die nahen Angehörigen ebenfalls eine Konfrontation mit dem schlechten Leben. Jeder Mensch soll frei entscheiden können, mit einer Entscheidung, entweder für ein gutes oder für ein schlechtes Leben, müssen aber alle leben. Lebt jemand nicht gut im Sinne von selbstzerstörerischem Verhalten, so leiden die Menschen in der Nähe mit. Es tut weh, zusehen zu müssen, wie jemand ein schlechtes Leben anstrebt. Es tut weh, nicht helfen zu können, wenn jemand keine Hilfe annehmen kann.

Zweitens, dass die Auseinandersetzung mit Problemen oder Konflikten wichtig ist, um zu lernen, was man möchte und was nicht und auch, wie man diese Dinge bekommen und erleben kann. Die Forderung nach einem guten Leben ist keine Forderung nach einem einfachen Leben, in dem einem alles in den Schoß gelegt wird. Der Kern eines Menschen strebt nach Erkenntnis und Erlebnis, denn so kann er sichtbar und erkennbar werden und das Gefühl einer Sinnhaftigkeit kann entstehen.

Auf mein Leben bezogen war der Umstand, dass ich neben den Schwierigkeiten der Behinderung auch die Schwierigkeiten hatte, die jeder hat (Freunde finden, etwas erleben wollen, cool sein wollen und so weiter) und lernen musste, damit umzugehen. Wie das ging? Die These „Energie folgt der Aufmerksamkeit" bewahrheitete sich in meinem Leben insofern, als dass die Aufmerksamkeit immer bei jenen Problemen lag, die soziale Kontakte, Freude, Ziele, Religion, Kunst und so weiter beinhalteten. Die körperlichen Schwierigkeiten mussten also gelöst werden, um sich mit den für mich eigentlichen und wahren Problemen dieses Lebens auseinanderzusetzen.

Und wie sah das aus? Für die körperlichen Schwierigkeiten waren Ärzte, Techniker, Krankenschwestern und Pädagoginnen an der Uni-Klinik in Heidelberg zuständig. Für die Auseinandersetzung mit den anderen Problemen, wie der Liebe und den Fragen „Wer bin ich?", „Was mag ich?", „Wie möchte ich sein?" und so weiter waren Freunde, Bekannte und meine Eltern da. Mir selbst einen Tag schön zu machen, das konnte ich dort lernen. Sowohl Ärzte, Freunde als auch Eltern und Großeltern waren hieran beteiligt; in Form von Besuchen, durch Diskussionen und Unternehmungen, die ein anderes Denken ermöglichten. Ein Denken jenseits von Behinderung, Schmerzen der Operationen oder

der Druckstellen von den Prothesen. Es blieb kaum Zeit, mich gehenzulassen.

Als ich mit zwölf Jahren einen Sommer lang stationär in Heidelberg im Krankenhaus verbringen musste, besuchte mich mein Vater. Er holte einen Ausgangsschein und fuhr mit mir nach dem zwei Stunden entfernten Bayreuth. Er arbeitete den Sommer über dort in einer der Festspiel-Werkstätten und kannte sich aus. In Bayreuth sah ich eine Probe der Ouvertüre von Wagners „Parsifal". Anschließend fuhren wir wieder in die Klinik zurück. Zwei Wochen und eine Operation vergingen, und dann fuhren wir wieder nach Bayreuth, diesmal sah ich den ersten Akt von „Parsifal". Ein Ausbruch der Gedanken in eine komplett andere Welt. Zwar auch durch Leid und Schicksal geprägt, aber fernab vom Alltag des Krankenhauses.

Ein weiteres Beispiel zeigt eine Erweiterung der Spielmöglichkeiten in der Klinik. Ein Ort, an dem man sich normalerweise als reduziert und eingeschränkt erlebt. In der Ausnahmesituation dieser Contergan-Station wurde darauf geachtet, dass jedes Hilfsmittel verwendet werden kann. Wir waren alles Kinder, das hieß, die Verwendung lag im Spielen. Wir durften uns also wohlfühlen und mit unseren Hilfsmitteln spielen. In einer Situation, in der mein linker Arm (Stumpf) nach einer Operation komplett verbunden war, bekam ich eine Manschette für den rechten Arm, obwohl ich Linkshänder war – ein Lederband, um den Arm gebunden, in das etwas eingeklemmt werden konnte. So war es mir möglich, einen Tischtennisschläger zu halten. Es war also an der Zeit, Tischtennis zu lernen und nicht nur vor mich hinzuleiden! Mit einem Freund spielte ich Pingpong – ich saß auf der Tischtennisplatte aus Beton und mein Freund stand davor. Ziel war es, den Ball zumindest mehr als einmal hin und her zu spielen – und das ist uns gelungen.

Ein weiteres Beispiel aus einer Zeit, in der ich etwas jünger war: Die Besuchszeiten waren damals andere als heute. Erst ab dem frühen Nachmittag bis zum frühen Abend durften Eltern, Brüder und Freunde die Station betreten. Dafür gab es Pädagoginnen, Ergotherapeutinnen und Krankenschwestern zum Lernen, Beschäftigen und Spielen. Wie logisch erscheint es da, dass eine Krankenschwester mit uns, einer Gruppe behinderter Kinder, die alle irgendeine wehe Stelle hatten, in ein anderes Gebäude ging? Eines, in dem es eine Wäscherutsche gab, die wir alle juchzend als Rutsche benutzen durften.

Mit fünfzehn Jahren war mit anderen Kindern spielen gehen, rutschen und kochen natürlich nicht mehr gefragt. Was blieb? Mit der Psychologin über das Leben reden, in die Stadt zum Einkaufen fahren und Eis essen gehen – so zwischen zwei Operationen.

Auch wenn ich in der zeitlichen Abfolge springe: Als ich acht Jahre alt war, gab es eine Diskussion, die Begeisterung in mir auslöste und die sich darauf bezog, ob ich einmal Auto fahren wolle. Natürlich wollte ich und es wurde mir ebenfalls mit Begeisterung vermittelt, wie das möglich wäre. Mit fünfzehn Jahren besuchte ich dann erstmals die Firma, die noch heute mein Auto so umbaut, dass ich damit fahren kann.

Oder auch ausgedehnte Spaziergänge im Wald gleich hinter dem Klinikgebäude. Steil waren die Wege dort, gut war die Luft, ein richtiger dichter Wald – und sauber war es auch nicht. Heutzutage mag das selbstverständlich klingen, aber zu der damaligen Zeit, Ende der Siebzigerjahre, wurde der Umgang mit Sauberkeit im Krankenhaus wesentlich strenger gehandhabt als heute.

Dann die Frage des Umgangs mit Hilfsmitteln: Jemand ohne Arme hätte gelernt, seine Krawatte selbst zu binden, erfuhr ich. Ob ich das auch lernen wolle; oder Kartoffeln schälen mit dem Fuß – weder die Krawatte binden noch Kartoffeln schälen ist mir gelungen, aber wir haben es versucht.

Das Schreiben mit der Prothese musste ich lernen, es war ein tränenreicher Prozess, der beides war: furchtbar und schön. Nur so ist es mir gelungen, in der Schule und während des Studiums selbst mitzuschreiben. Ich schreibe mithilfe einer Manschette, die um den linken Arm (Stumpf) gebunden ist, in dem ein Stift steckt, während die Prothese des rechten Arms das Papier festhält oder auf der Tastatur die Umschalttaste drückt. All diese Lernprozesse, auch wenn sie noch so spielerisch waren, haben dazu beigetragen, dass die Sorgen, Ängste und die Auseinandersetzung mit der eigenen Situation nicht die Überhand gewannen und mein Leben normal gestaltet werden konnte.

Um zu werden, wer man ist, um einen Zugang zu den seelischen Bedürfnissen zu bekommen, muss man erkannt werden als der, der man ist. Diese persönlichen Erzählungen sollen zeigen, dass wir als behinderte Kinder so erkannt und geschätzt wurden, wie wir waren. Unsere Fähigkeiten und Grenzen wurden uns ebenfalls zum Greifen nahegebracht. Eine bittere und schöne Erfahrung gleichzeitig. Und dieser Umstand ließ uns leben. Ließ uns all die Dinge erleben, die wirklich Spaß machten. Die Seele konnte sich entfalten und das Denken wurde unabhängig vom Körper. Wurde unabhängig von der Logik, wie diese Aktivitäten es ebenfalls waren.

Diese Beispiele mögen banal klingen, aber sie waren insofern wichtig, als dass sie für mich eine völlige Loslösung von den Problemen der Behinderung, als auch den damaligen Problemen des Klinikalltags brachten. Ein neuer Gedanke, eine neue Sichtweise, neue Musik, alles Erlebnisse, die von der Behinderung und der schwierigen Situation im Krankenhaus frei waren. Mensch sein war gefragt. Das Leben wollte immer gelebt werden – auch im Krankenhaus. Pingpong ohne Hände und Füße – bitte! Tisch steht draußen, Manschette und Schläger kommen gleich. Oder Zwiebelschälen und Kartoffeln stampfen mit den Füßen – die anderen können das. Alles „normale" Gedanken, obwohl man eigentlich meinen könnte: Ist das nötig? Der soll sich erst einmal erholen und dann lesen und schreiben lernen; erst auskurieren, voll auf sich konzentrieren, oder auch: Der soll sich nicht ablenken lassen und alle Reha-Maßnahmen mitmachen, er soll überlegen, was er werden will.

Aber nein, ich wurde abgelenkt, wurde darauf hingewiesen, dass es darum gehe, einen schönen Sommer zu haben, eine gute Zeit und ein Ziel vor Augen. Und ein Ziel wurde von den Ergotherapeuten immer erst dann aufgegeben, wenn gesehen wurde, dass ein Hilfsmittel tatsächlich nicht geeignet war. Es war also das genaue Gegenteil des Denkens, das so normal war, und das tat mir gut. Einfach war das nicht immer und lustig auch nicht, denn Schmerz war auch ausreichend vorhanden, aber die Forderung damit zu leben und etwas zu erleben, das schön ist, war ermutigend.

Mit der Forderung „Mach dir eine schöne Zeit!" und der Freiheit des Denkens wuchs ich also auf. Hindernisse kamen dennoch. Denn der Kreis jener Leute, die ebenfalls so dachten, war klein. Er ist es immer noch denke ich.

MUT ZUR LÜCKE

Frei zu denken im Sinne von die Behinderung nicht als Hindernis zu erleben, das blieb nicht ohne Konsequenz. Die Grenzen der Physik gelten auch für mich und die Realität – sofern es eine gibt – zeigte den Gedanken gelegentlich, dass diese oft nur Gedanken sind, manchmal zum Glück:

Bis zu meinem sechsundzwanzigsten Lebensjahr wohnte ich zu Hause bei meiner Mutter, gemeinsam mit meinen Brüdern. Ab dem fünfzehnten, sechzehnten Lebensjahr wurde mein Bedarf an Mobilität größer. Ich wollte den Schulweg allein überwinden, habe begonnen Schulfreunde am Nachmittag oder Abend zu treffen und ins Kino, Theater und in die Oper zu gehen. Die Distanzen dehnten sich auf halb Wien aus, doch mein Rollstuhl fuhr nicht so weit. Ich musste lernen, wo die Grenze war. Und die bekam ich zu spüren, als ich einige wenige Male ohne Strom mitten in der Stadt mit dem Rollstuhl stehenblieb. Die Batterien waren am Ende ihrer Kapazität. Mir musste jemand helfen, mich abholen und der Rollstuhl musste aufgeladen werden. Ob ich traurig war, weil ich nicht weiterkam? Nein, bitterböse auf meinen Rollstuhl. Die Grenze war durch den Rollstuhl gegeben. Ein sehr unangenehmes Gefühl. Also wurde überlegt, wie das Problem zu lösen sei. Das Ladegerät mitnehmen oder ein zweites Paar Autobatterien. Alles zu kompliziert. So wurde ein zweiter Rollstuhl angeschafft. Einer, der für Innenräume und Straßen geeignet war. Die Anschaffung erfolgte mit Unterstützung eines Freundes, der Priester war, denn die Krankenkasse hatte nicht einmal den ersten

Rollstuhl bewilligt. So konnte ich mit Freunden und Bekannten mithalten, konnte dorthin fahren, wo sie auch waren. Da zu diesem Zeitpunkt keiner von uns einen Führerschein hatte, waren die Ziele dieselben. Während ein Rollstuhl aufgeladen wurde, fuhr ich mit dem anderen. Bei jedem Wetter und bald zu jeder Zeit. Und in der Zeit zu denken, das konnte ich nicht. Konnte ich schon, aber mochte ich nicht. Ich empfand mich als zeitlos und behandelte meine Hilfsmittel genauso. Ich empfand es als einschränkend und unangenehm, an die Zeit zu denken, denn es hätte bedeutet, nicht mitzumachen, nicht mitzuspielen, eine Erfahrung zu missen. Doch Prothesen und Rollstühle funktionieren nur eine Zeit lang, die sind nicht wie Muskeln, die trainiert werden können und sich verbessern. Nein, sie wurden anfällig für Reparaturen wegen Überlastung, wegen Brüchen von Schrauben und Gelenken. Das klingt wilder als es war. Die Teilnahme an sozialen Aktivitäten war nicht risikoreich, gefährlich oder extrem. Ich war eben normal integriert und das führte bald zu einer starken Belastung meiner Hilfsmittel. Bei den Pfadfindern beispielsweise – ein Wandertag. Ein ganz normaler Ausflug durch Wald und Wiese und eben auch durch ein kleines Bächlein. Und wieder eine Reparatur fällig!

Doch anders konnte ich nicht normal leben. Anders hätte ich zurückgezogen leben müssen, zu Hause sitzend und nur dorthin fahrend, wo betonierte Wege ohne Hindernisse keine zusätzlichen Kosten und Mühen mit sich bringen.

Auch die Grenzen der Armprothese waren bald erreicht. Und dafür waren sie auch gebaut. Um bis zur Grenze der Belastbarkeit zu gehen und dann weiterzudenken. Zum Beispiel beim Werfen von Steinen ins Wasser, beim Abstützen oder Heben von Gegenständen. Auch hier, erst das Brechen von Gelenken und das angestarrt Werden mit einem „Hook" führte dazu, an etwas Neues zu denken.

Doch bevor ich an etwas Neues denken konnte, kam die Sorge vor dem „Aus". Was nun wenn der Rollstuhl streikt oder wenn die Prothese bricht? Die Sorgen waren weniger, was dann mit mir passiert, denn Hilfe kam immer, sondern vielmehr wie man mich denn sehen würde. Als Versager, als Nichts, als armes Würstchen? Was ist wirklich wichtig im Leben? – Das zu lernen ging nicht ohne den Mut zur Lücke. Nämlich die Lücke des Planes; materialistisch gedacht wäre ich zu dem Schluss gekommen, das Hilfsmittel sei wichtig, die Prothese oder der Rollstuhl wären wichtig, mich in dem zu stärken, was mich ausmache. So wie ein Porsche oder eine Rolex die Identität eines Menschen vermeintlich stärken können, so war es für mich eine Frage, ob mich diese Hilfsmittel in meiner Identität stärken.

Hilfsmittel bekamen aber ihre Bedeutung erst, wenn ich sie voll verwendete, und wenn ich keine Angst hatte, was passierte, wenn sie kaputtgingen. Jede Aktivität, jeder Plan, jeder Weg war plötzlich zu Ende, wenn etwas brach. Zu Hause wurde dann überlegt, welche neuen anderen Hilfsmittel es gäbe. Doch daran wollte ich nicht denken – ich wollte die alten Hilfsmittel reparieren. Diese Diskussionen um meine Hilfsmittel waren immer auch Fragen, wer ich denn sei. Kaum war ein Rollstuhl schnell, empfand ich mich als cool und schnell, kaum war eine Prothese gut sitzend, war ich stark. Doch was blieb übrig, wenn etwas kaputt war? Ich war immer derselbe, unabhängig davon, ob mit oder ohne Rollstuhl, ob mit oder ohne Armprothese. Das war wichtig zu erkennen. Und erst dieses Denken erlaubte eine Zukunft. Eine Zukunft, die auch ein Scheitern erlaubte. Denn ich scheiterte nicht meinetwegen, sondern der Umwelt wegen – Stiegen, Berge, Eis – alles Umweltfaktoren. Ziel war ein Handeln, das mutig war und nicht leichtsinnig und dumm. Was ich kann, hängt mit Hilfsmitteln zusammen, meine Identität nicht. Banal gesprochen hieß das für mich: Ich musste lernen, mich wohl zu fühlen, auch wenn die Hilfsmittel nicht funktionierten. Cool sein und mich mögen am Abend beim Ausgehen hieß oft, Bewegungen mit meiner Prothese durchführen zu können, zum Beispiel trinken oder eine Zigarette rauchen. Zahlreiche Hände habe ich verbrannt, weil die Idee einer bestimmten Handbewegung wichtig war. Und war die Hand kaputt, so mochte ich mich weniger, weil ich glaubte es wäre uncool. Geärgert habe ich mich genug über Hilfsmittel und tue es noch heute. Wer ich bin ändert sich nicht, ob mit Rollstuhl oder am Boden sitzend mit meinen Kindern spielend. Diese Erkenntnis, die war wichtig und sie kam schrittweise.

Zu sehen, wer ich war, ob mit oder ohne Hilfsmittel, war insofern wichtig, als ich dieses „ohne" auch auf andere Lebensbereiche anwenden konnte. Dieser Mut zur Lücke bei einem Vorhaben hielt mich weniger auf. Bis zu Beginn der Pubertät fanden die meisten Ausflüge, Urlaube und Aktivitäten nämlich im Kreise der Familie statt. Stiegen und andere Hindernisse sah ich nicht, da mir immer Eltern oder Brüder halfen.

Erst mit dem Weggehen ohne Familie wurden Hindernisse sichtbar. Da wusste ich bereits, dass nicht *ich* das Problem war.

Wobei war das besonders wichtig?

Zum Beispiel beim Studieren. All diejenigen die in Wien Psychologie studieren, wissen wie es ist – für alle anderen: Man kommt an die Uni und ist einer von vielen. Zu Beginn des Studiums volle Hörsäle mit über zweihundert Studenten. Mit keinem hat man einen Grund zu reden. Man kann kommen und gehen wie man möchte; keiner wird einen vermissen. Als ich studierte befand sich das Institut für Psychologe im fünften Stock. Ich wusste nichts von dieser Barriere. Es gab einen Lift, der nach zwanzig Stufen zu erreichen war, der aber nur mit Schlüssel funktionierte. Ich hatte keinen. Zu Beginn meines Studiums wusste ich nicht einmal, dass da überhaupt ein Lift vorhanden war. Ich kam mit dem Risiko, dass ich nicht hinaufkäme. Diesen Mut habe ich durch die Auseinandersetzung mit Hilfsmitteln bekommen. Durch den Ärger der entstand, wenn etwas nicht funktionierte und durch die Erfahrung, dass die Welt nicht untergeht, wenn etwas schiefgeht. Wohl aber auch durch den Rückhalt der Familie und das Zutrauen, dass ich mir Hilfe holen konnte, wenn ich welche bräuchte.

Mir wurde fast immer in den fünften Stock hinaufgeholfen; jahrelang – auch nur in den ersten Stock, wenn dort Vorlesungen waren; vielleicht ein oder zweimal war es schwierig, jemanden zu treffen, der dieselbe Vorlesung besuchte wie ich. Selbst wenn ich nicht anwesend sein konnte, es war zumindest immer jemand da, der mitgeschrieben hat für mich. Auch das klingt locker und selbstverständlich heute, aber es gab auch die Kollegen, die ihre Mitschriften verkauften. Zu Beginn des Studiums, vor allem solange unklar war, wer mit mir weiterstudieren würde – die Dropout-Rate war hoch – bat ich zu wirklich wichtigen Terminen, wenn ich zum Beispiel Referate hatte oder meine Anwesenheit erforderlich war, jedoch immer einen meiner Brüder mitzukommen.

Der Mut zur Lücke, der Mut, dass also etwas nicht gelingen mochte aufgrund der Probleme der Behinderung, dass dieser Umstand kein Drama darstellte, das war es, was mich nicht daran hinderte, weiterhin die Universität zu besuchen. Die enge Verbindung zwischen Hilfe und sozialen Kontakten wirft aber die nächste Frage auf: Wie gut sind diese Kontakte? Jeder Mensch ist auf andere Menschen angewiesen – aber in dieser Form?

UMGANG MIT SOZIALEN KONTAKTEN

Ohne Frage hat die Behinderung eine Auswirkung auf soziale Kontakte. Das Nicht-Hinauf-Kommen in den fünften Stock, das Hilfe-Brauchen in bestimmten Bereichen (Jacke, Schal, Sakko anziehen, kopieren, Bücher suchen ...) brachte mich natürlich dazu, mehr mit Kommilitonen zu sprechen als dies ohne Bedürftigkeit der Fall gewesen wäre. Das hat natürlich auch für mich die Frage aufgeworfen: Was darf ich fragen und ab wann wird die Frage nach Hilfe zur Belastung für die Kollegen?

Die Tatsache, dass ich Hilfe brauchte, brachte also mehr Nähe mit sich. Mein Leben vor dem Studium war geprägt von sozialen Kontakten, die längerfristig waren. Hierdurch lernten diese Menschen mich gut kennen und ich sie. Menschen, die ich kannte, um Hilfe zu bitten, war natürlich weitaus weniger problematisch als bei Menschen, die ich nicht kannte und die mich nicht kannten. Ein Ereignis zu Beginn des Studiums machte mir deutlich, dass Hilfe auch überfordernd sein konnte: Ich brauche meine Prothese nur außerhalb meiner Wohnung zum Öffnen von Türen, Drücken von Knöpfen, Rauchen, Trinken, um etwas zu halten, zum Abstützen etc.

Ich brauche sie nicht zum Schreiben. Für eine der ersten Vorlesungen machte ich mir Überlegungen wie ich am besten mitschreiben könnte. Um sowohl Prothese tragen zu können, als auch mitschreiben zu können, verhielt ich mich wie zu Schulzeiten. Ich hatte ein T-Shirt an mit kurzen Ärmeln. Den rechten Ärmel schob ich auf die Schulter, darüber dann die Prothese und ein langärmliges Hemd. Das war praktisch für draußen und für drinnen. Jacke, Hemd inklusive Prothese legte ich also elegant zum Schreiben ab. Auf den Sitz gleich hinter mir. Zum Anziehen jedoch benötigte ich Hilfe. Ein Handgriff, mit dem die Bandage der Prothese um die Schulter angelegt wird. Ein Handgriff – wenn man sich auskennt. Etwas komplizierter wird es, wenn man Prothesen und deren Bandagen weniger gut kennt. Und dann brauchte ich weitere Hilfe für Jacke, Schal etc.

Für jemanden der eine Armprothese und mich nicht kennt, ist das eine Spur zu kompliziert und zu nah, alles in allem etwas zu viel wie ich bemerkte. Denn plötzlich saß ich da nach der Vorlesung und die Kollegin neben mir, die ich nicht kannte, war überfordert mit dieser Art von Hilfe, um die ich bat. Es gelang ihr, mir zu helfen, es dauerte länger als üblich und wirklich wohl fühlten wir uns beide eher nicht. Ich sah sie auch nie wieder. Ich lernte daraus und zog seither in der Öffentlichkeit, wenn es keine Hilfe von mir nahestehenden Personen gab, die Prothese weder an noch aus. Außerdem probierte ich andere, mehrere Arten von Mitschriften aus, die sozial akzeptabel waren – bald hatte ich ein Aufnahmegerät, einen Apple Newton einen Block und einen Stift.

Es kam jedoch auch die umgekehrte Situation vor. Ein Kollege, der aufgrund seines Lebensstils ein paar Semester verloren hatte, wollte schneller vorankommen und so viele Proseminare und Seminare besuchen wie möglich, um die verlorene Zeit wieder aufzuholen. Ich musste dieselben Seminare besuchen. Er wusste von meiner Situation, kam zu mir und bot mir an, mich jeweils hinaufzutragen, wenn er dafür mit mir das Seminar besuchen könne. Ich willigte ein und der Plan ging auf. Diese anfängliche Zweckgemeinschaft entwickelte sich langsam zu einer Freundschaft, die bis heute hält.

Und wie lebt es sich heutzutage als Vierzigjähriger mit einer Behinderung? Ich sehe mich ja eher als Mann, Ehemann, Vater und Psychologe der sich das freie Denken beibehalten hat und weniger als behinderter Mensch der gelernt hat, mit der Behinderung umzugehen.

Nicht jeder denkt so, doch der technische Fortschritt ermöglicht es, dass mehr und weiter gedacht werden kann als zu der Zeit, als ich noch ein Kind war. So gibt es heute Golf-Prothesen für Amputierte, Rollstühle die beinahe so unwegsames Gelände überwinden können, wie ein Range Rover …

Hier fragt niemand mehr, wozu diese Menschen das haben müssen. Die Technik geht einfach davon aus, dass alle die gleichen Bedürfnisse haben und dass eben ein abgestürzter Bergsteiger immer noch hoch hinaus will. Oder ein Taucher auch gelähmt noch tauchen will. Der Wunsch zählt und weniger die Frage „ist das nötig".

SICH ZU ERKENNEN GEBEN

Sich selbst zu erkennen, sich zu akzeptieren (das heißt nicht, dass man sich hübsch finden muss, in Ordnung reicht schon) und sich anderen Menschen so zu zeigen, wie man ist, bedeutet immer auch, eine Beziehung mit jemandem einzugehen. Erst in der Beziehung mit dem anderen wird sichtbar, wer man ist. Von Geburt an hat man sie, diese Beziehung. Von Geburt an wird deutlich, dass man nicht wählen kann, ob man eine Beziehung haben möchte oder nicht, sondern dass man sich um eine gute Beziehung bemühen muss. Mit dem Älterwerden lernt man, dass man lediglich wählen kann, welche Art von Beziehung man eingehen möchte. Hierdurch wird deutlich, dass man abhängig ist von Beziehungen. Für ein Kind ist die Beziehung lebensnotwendig und es ist bereit, seine eigenen Bedürfnisse für eine Beziehung zu opfern. Es hat keine Wahl, welche Beziehung es eingehen will. Die Mutter oder der Vater bieten den Beziehungstyp an. Eine Beziehung die durch einen Sender von Signalen und Bedürfnissen ausgeht und auf einen Empfänger dieser Signale trifft. Je nachdem ob und wie diese Bedürfnis-Signale verstanden werden, existieren unterschiedliche Beziehungstypen.

Psychologen beschäftigen sich immer auch mit der Frage, wie eine gute Beziehung aussieht bzw. wodurch diese gekennzeichnet ist. Einer der bekanntesten Psychologen auf diesem Gebiet war John Bolwby, der drei Arten von Beziehungen zwischen Kind und Eltern etabliert hat.

1. Sichere Bindung (adäquate Reaktion auf Nähe und Distanz).
2. Unsicher vermeidend (Verhalten hängt stark von Bezugsperson ab, Zuversicht fehlt).

3. Unsicher ambivalent (widersprüchliche Reaktion auf Nähe und Distanz, ängstlich, abhängig).

Seit den Achtzigerjahren ist ein viertes Beziehungsmuster von Mary Main hinzugekommen, nämlich die

4. desorganisierte/desorientierte Bindung (inadäquate Reaktion auf Nähe und Distanz, Doublebind-Situation).

Umgelegt auf die Ebene der Erwachsenen bedeutet dies zu lernen, sich so zu verhalten, dass ein Beziehungsmuster, das als sicher bezeichnet wird, aufgebaut werden kann.

Mit meiner Behinderung zu leben bedeutete stets, die Freiheit und Selbstständigkeit mit Hilfe anderer Menschen erleben zu können. Ich war immer von sozialen Beziehungen abhängig und habe hierdurch beobachtet: Je freier, unabhängiger, gebildeter und wohlhabender man sich fühlt, umso eher glaubt man, die Abhängigkeit von Beziehungen überwunden zu haben. Abhängig von Beziehungen ist jedoch jeder, unabhängig davon, um welche Beziehungen es sich handelt. Ob Arzt-Patient oder Anwalt-Klient, Mutter-Kind, Mann-Frau – nur in einem sicheren Beziehungsmuster fühlt man sich wohl. Sowohl der Arzt als auch der Patient fühlen sich wohler. Nicht nur weil der Arzt in seiner Funktion und Rolle als dieser voll aufgehen kann, das kann er auch in einem anderen, unangenehmeren Beziehungsmuster. Aber in sicheren Beziehungen wird er geachtet aufgrund seiner Persönlichkeit, seines Einsatzes, seiner Courage – seines Wesens. Als Mensch geachtet zu werden, hat auch der Mensch notwendig, der glaubt er hat soziale Beziehungen nicht mehr nötig. In einem hierarchisch strukturieren Betrieb entsteht leicht der Eindruck, eine gute Beziehung zu dem Vorgesetzten sei wichtiger als die Beziehungen zu weniger wichtigen Leuten, zum Beispiel zum Reinigungspersonal. Als Entscheidungsträger wird der Chef wichtiger sein, auf einer menschlichen Ebene sind beide gleich wichtig.

Das „Sich zu erkennen geben" oder das „Erkennen" kann in Beruf, Wissenschaft und Kunst derart ausreichend wirken, sodass man über unangenehme menschliche Beziehungen gar nicht nachdenken möchte. Das heißt aufgrund gewisser Positionen kann man es sich erlauben, Menschen mit denen man zu tun hat, „zu übersehen" und auf keine Beziehung mit ihnen Wert zu legen. Dass dem nicht so ist, spürt man erst, wenn man mit der Missgunst oder dem fehlenden Respekt von vielen Burnout-Mitarbeitern oder mit Kündigungen konfrontiert wird.

Es gibt jedoch auch für diese Menschen, die sich ihre Beziehungen nur mehr aussuchen und kaum noch jemand nahe an sich heranlassen, Aspekte seelischer Bedürfnisse, die gedeckt werden müssen. Das heißt, die Akzeptanz und der Ausdruck müssen auf den unterschiedlichsten Ebenen stattfinden. Ein sehr eingeschränkter Kontakt, ein sehr ausgewählter Kreis von Freunden bilden nur ein sehr kleines Spektrum dessen, was man ist. Sieht man sich als Teil einer Gesellschaft, müssen alle Mitglieder dieser Gesellschaft berücksichtig werden. Das Interesse an anderen Menschen und Wissensgebieten ist notwendig, um zu erkennen, wer und was man noch alles ist. Je breiter die Interessen und je besser man sich selbst kennt, umso sicherer kann man anderen Menschen gegenübertreten. Umso weniger muss man sich selbst groß machen, indem man andere abwertet oder nicht versteht.

Die Qualität einer Beziehung hängt nicht nur davon ab, wie sich das Beziehungsmuster gestaltet.
  Seit den Sechziger-, Siebzigerjahren deuten wissenschaftliche Ergebnisse darauf hin, dass

die Qualität einer menschlichen Beziehung unter Erwachsenen dann als gut bezeichnet werden kann, wenn das Verhältnis von Geben und Nehmen ausgeglichen ist (z.B.: siehe Foa & Foa, 1974). Das heißt wie viel ist man bereit, dem oder der Partnerin zu geben, ab wann wird man ausgenützt oder nutzt den anderen aus? Auch im Geben oder Nehmen gibt man sich zu erkennen.

In der Theorie klingen diese Ansätze logisch und erstrebenswert. In der Praxis jedoch ist das Erreichen einer stabilen, ausgeglichenen und sicheren Bindung solange kein Problem, solange beide Partner jeden Wunsch erfüllt bekommen. Werden die Wünsche eines Partners nicht erfüllt, wird die Harmonie dieser Beziehung zerstört. Egal wie gut, respektvoll, gewaltfrei, locker und liebevoll man gelernt hat seine Wünsche zu äußern – wird einer nicht erfüllt, ist das empfundene Gleichgewicht in der Beziehung von einem Partner gestört.

MUT ZUM SCHEITERN

Betrachtet man Beziehungen und den Versuch anhand von diesen seine eigenen Bedürfnisse befriedigen zu wollen, so kommt man zu dem Schluss:

Erziehung hat nicht nur die Aufgabe sich beziehungsfähig zu machen, sondern vor allem die Aufgabe mit nicht erfüllten Wünschen umgehen zu lernen. Und das betrifft nicht nur Menschen mit einer Behinderung.

Wie reagiert man auf nicht erhörte Liebe, auf den versagten Wunsch nach Zuneigung und körperlicher Nähe? Wie geht man um mit dem Wunsch nach Anerkennung von Kollegen, nach mehr Geld, Respekt oder einfach nach mehr Beachtung als Klient und Patient? Der Körper reagiert darauf zu welchem Ausmaß ein Wunsch erfüllt wird und es liegt an der Entwicklung des Verstandes wie wir reagieren. Dass wir reagieren, ist ohne Frage. Sowohl im Positiven als auch im Negativen reagieren wir. Auf irgendeine Art und Weise wird auf erfüllte und verwehrte Wünsche zugegangen. Entweder – mit Wut, Verzweiflung, Alkohol, Tabletten, Gewalt – oder aber mit Verständnis für den jeweils anderen, mit der inneren Haltung „muss ja jetzt nicht sein" und mit Güte und Respekt.

Scheitern bedeutet, dass etwas nicht gelingt, von dem man erwartet, dass es funktioniert oder stattfinden wird. Um davon zu sprechen, dass in sozialen Beziehungen und seelischen Entwicklungen etwas scheitern kann, muss davon ausge-

124

gangen werden, dass es eine Art vorgefertigtes Reiz-Reaktions-Muster gibt. Ein Beispiel in einer Paarbeziehung würde so aussehen:

Ein Mann möchte mit seiner Frau in die Oper gehen. Sie lehnt die Einladung ab. Daraufhin geht er, da seine Versuche gescheitert sind, mit seiner Sekretärin.

Ein Kind möchte ein Eis essen und quält die Eltern mit diesem Wunsch. In beiden Fällen besteht das Reiz-Reaktions-Muster darin, dass der Erfolg im Abbau eines Drucks (drängenden Wunsches) gesehen wird. Dieses Reaktions-Muster kann verändert werden, indem man lernt, Erfolg nicht im Abbau eines Drucks zu sehen.

Den Verstand in diesen Reaktionen schulen, kann meines Erachtens nur, wer auch die sogenannten seelischen Bedürfnisse im Leben berücksichtigt. Der Verstand muss lernen, dass Erfolg nicht ausschließlich im Abbau des Drucks liegt. Man kann das bekommen was man möchte, auch wenn der Druck anders oder später abgebaut wird. Wenn man also sein und werden kann, wer man tatsächlich ist, dann kann man auch gütig sein und Verständnis für sich und den anderen haben.

Auch das klingt sehr einfach. Doch wie kann man das lernen? Wie sieht der Alltag im Umgang mit

Wünschen, Verlusten und der Motivation durchzuhalten aus? Bevor auf diese Frage eingegangen
wird, lohnt es sich einen Blick darauf zu werfen,
was ein Mensch im Alltag wirklich braucht.

MENSCHLICHE GRUNDBEDÜRFNISSE

Bevor ich darauf eingehe wie man motivieren
und Menschen/Patienten/Klienten führen kann
oder in welchen Situationen Kinder gefördert
oder gebremst werden sollen, ist es wichtig zu
sehen, was wir Menschen brauchen. Das ist deswegen wichtig, damit wir erkennen, dass sich
alle diese Grundbedürfnisse eigentlich gegenseitig ausschließen, sofern nicht ein bindendes
Element hinzukommt. Das für mich schlüssigs-
te Model zu menschlichen Bedürfnissen kommt
von William Glasser, der in den Sechzigerjah-
ren als Schulpsychologe begonnen hat, sich mit
dem zu beschäftigen, was Kinder alles brauchen.
Laut seiner Theorie (Choice-Theory) gibt es fünf
menschliche Grundbedürfnisse:
1. Überleben: Jeder Mensch will leben;
   hierzu zählen Gesundheit sowie materielle
   Sicherheit, als auch das Weiterleben in den
   Nachkommen.

2. Liebe & Geborgenheit: Jeder Mensch braucht Beziehungen, Freundschaften, Partnerschaften sowie sexuelle Beziehungen.
3. Freude: Lebensfreude durch das Ausüben diverser Aktivitäten wie Hobby, Sport, Musik, Haustiere, usw.
4. Freiheit: Freiheitsentzug wird als Qual und Strafe erlebt; Freiheit des Denkens, Handelns sowie die Freiheit, nichts tun zu müssen ist essenziell.
5. Stärke & Anerkennung: Die eigene Würde soll geachtet werden. Anerkennung zu erfahren, Selbstachtung sowie Selbstwert inklusive dem Wissen, um eigene Stärken und Schwächen.

Alle Theorien darüber, was der Mensch braucht, sind dieser „Choice-Theorie" relativ ähnlich. Diese Theorie gilt für jeden, nicht nur für den gesunden Menschen. Meiner Meinung nach laufen jedoch auch Menschen, die jedes dieser Grundbedürfnisse gedeckt haben, Gefahr das Wesentliche im Leben zu vergessen: Betrachtet man nämlich diese fünf Grundbedürfnisse so fällt auf, dass beispielsweise die Grundbedürfnisse „Freiheit" und „Liebe inklusive sexueller Beziehungen" sich gegenseitig widersprechen. Eine intensive Beziehung inklusive sexueller Begegnungen braucht Zeit und Auseinandersetzung mit diesem Menschen. Beides kann nur stattfinden, wenn der Grad an Freiheit, Eigenverantwortung und Selbstständigkeit stark reduziert wird. Das Eingehen einer solchen Beziehung vermittelt jedoch nicht den subjektiven Eindruck einer verminderten Freiheit, im Gegenteil. Das Gefühl der Liebe mit einem Menschen bringt nämlich gleichzeitig das trügerische Gefühl der Freiheit von den anderen sozialen Kontakten mit sich. Trügerisch nur deshalb, da der Einfluss sozialer Kontakte mit anderen Menschen unterschätzt werden kann. Man kann diesen für unwichtiger halten, und die Bedeutung in der Auseinandersetzung mit sich selbst rückt in den Hintergrund.

Wie zeigt sich das im Alltag? Kaum hat jemand eine Beziehung, werden Termine und Aktivitäten komplett aufgegeben. Trotz des Gefühls einer großen Freiheit, aufgrund großer Liebe beispielsweise, entsteht hierdurch eine vermehrte Abhängigkeit.

Auch die Grundbedürfnisse „Überleben" und „Freude" können in Widerspruch zueinander stehen. Beispielhaft können hier Extremsportarten erwähnt werden, die vielen Menschen das Leben kosten, aber auch Wissenschaftler deren Leben wissenschaftlichen Experimenten zum Opfer fallen müssen erwähnt werden.

Die Grundbedürfnisse „Stärke und Anerkennung" können jenen wie „Liebe", „Freude" oder „Überleben" widersprechen. Beispielhaft seien hier Burnout betroffene Menschen erwähnt, denen außer Anerkennung und Würde objektiv nichts fehlt.

Die Grundbedürfnisse sollten zu einem guten und sinnvollen Leben führen und weniger zu einem widersprüchlichen. Wenn ich meinem Konzept der Seele folge, komme ich zu dem Schluss, dass ein weiteres Grundbedürfnis existiert. Eines, das allen anderen über- oder untergeordnet werden kann. So etwas wie der kleinste gemeinsame Nenner.

1. Erkenntnis: der Kern eines Menschen, die Seele, sucht und findet einen Weg, sich erkennen zu geben; mehrere parallel laufende Möglichkeiten werden genutzt:

   a. entweder in Form einer Selbstdarstellung wie zum Beispiel Kunst, Musik, Politik, Beruf, Hobby, Rolle als Lehrer, Priester, Arzt, Psychologe, Jurist etc. als auch durch Sexualität – als darstellende Form der eigenen Existenz (männlich-weiblich); auch gegenteilige Formen der Selbstdarstellung wie z.B.: Verbrecher, Vergewaltiger, Mörder, Alkoholiker, Spieler etc. dienen sehr effektiv der Selbstdarstellung, wenn auch negativ besetzt. Das eigentliche Verbrechen dieser letzten Gruppe besteht darin, die Wünsche, Gefühle und Bedürfnisse anderer Menschen zum Zeitpunkt diverser Taten nicht zu sehen bzw. nicht zu fühlen.

b. oder in Form eines Erkenntnisprozesses – Wissenschaft als Erkenntnisprozess, z.B.: ein Geograf, der ein Land entdeckt, ein Astronom einen Stern, ein Arzt eine Krankheit oder Medikament etc. das Ergebnis wird oft nach Entwickler, Entdecker und Erforscher benannt (z.B.: Rett-Syndrom). Auch die Wissenschaft als positiver und sinnvoller Prozess ist im Alltag oft das Gegenteil; zahlreiche Wissenschaftler opfern zu viel Zeit und manchmal auch ihr eigenes Leben den Resultaten der Erkenntnis (z.B.: Ärzte im Kampf gegen Malaria, die Impfstoff an sich testen).

Insbesondere Kunst und Wissenschaft sind Möglichkeiten der Welt zu zeigen, wer man ist. Hierdurch läuft man Gefahr, die anderen Bedürfnisse zu vergessen, seine Persönlichkeit nicht in allen Aspekten unseres Daseins zu entwickeln und nur komplett auf diese Gebiete hin auszurichten. Der Ausdruck NERD, als jemand, der nicht auf die Reaktionen anderer achtet, sondern völlig in seiner Sache aufgeht, ohne soziale Regeln zu beachten, beschreibt vielleicht am deutlichsten im positiven Sinne so eine Entwicklung.

MOTIVATION = ENERGIE SICH ZU ZEIGEN

Woher kommt die Kraft, sich zu freuen, zu leben, auf Menschen zuzugehen trotz eines Körpers, den keiner haben möchte? Diese Kraft hängt mit dem Bild zusammen, das ich von mir selbst habe. Die Frage lautet daher: Wie nehme ich mir die Kraft, mich zu freuen und zu lieben? Das Bedürfnis nach Freude, der Hunger nach Liebe ist ja vorhanden, somit auch der Drang, die Energie dies zu stillen. Man unterdrückt sich, durch Gedanken „das darf nicht sein", „ich bin so hässlich", „was wenn ich stinke", „ich schau blöd aus", „ich will mich nicht blamieren", „wie anstrengend wird das wieder". Machtvolle Gedanken, die jegliche Motivation unterdrücken. So wird man des Lebens müde und gelangweilt. Das Leben plätschert dahin.

Will ich eines meiner Grundbedürfnisse decken, brauche ich Energie. Möchte ich mit meiner Behinderung jemanden Ansprechen braucht das viel Energie, wenn ich an die Behinderung denke. Energie, um zu zeigen, wer ich bin jenseits meiner Mängel. Energie die zeigt, dass ich Interesse habe, diese Person kennenzulernen und Energie genug, um wieder wegzufahren, wenn mein Interesse als unangenehm erlebt wird. Diese Energie, die mich antreibt meine Grundbedürfnisse zu decken, ist also der Aufwand mit dem ich mich zu erkennen gebe.

Um einen Zugang zur Seele zu bekommen, muss darauf geachtet werden, was uns antreibt, also motiviert. Unter dieser Kraft und Energie versteht man per Definition: „Motivation als die Stiftung oder Erregung eines Motivs als eine Triebfeder des Wollens" (Odenbach, 1974, S. 326). Motivation ist aber auch etwas Längerfristiges, ein Prozess: „Unter *Motivation* oder *Motiviertheit* versteht man die Bereitschaft einer Person, sich intensiv und anhaltend mit einem Gegenstand auseinanderzusetzen. Motivation kann als *Prozess* aufgefasst werden, in dessen Verlauf zwischen Handlungsalternativen ausgewählt wird. Das Handeln wird dabei auf ausgewählte Ziele ausgerichtet und auf seinem Weg dorthin in Gang gehalten, also mit psychischer Energie versorgt." (Hasselhorn und Gold 2006, S. 103)

Einfach ausgedrückt kann man sagen diese Energie wird durch Gedanken erzeugt und dem Körper zur Erreichung eines Ziels zur Verfügung gestellt. Die Gedanken kommen in Form von Bildern, Plänen, Wertvorstellungen, die

eine Lawine hormoneller Ausschüttungen verursachen. Das heißt zum Beispiel, wenn es sehr
wahrscheinlich ist, dass ich mit meiner Frau am
Abend ausgehe und sie mich küssen wird, so
werde ich denken: das wird super! Das wird so
geil! Die werden staunen! Ich werde reich! Das
ist genial! Das ist der Durchbruch! Die werden
mich kennenlernen!

Diese Energie, diese hormonelle Veränderung aufgrund von Erwartungen und Hoffnun-
gen ist jedoch auch im Körper, wenn das Ziel
nicht erreicht wird. Erwartung bewirkt einen
höheren Aktivierungsgrad des Körpers. Tritt
der gewünschte Erfolg ein, werden Glückshor-
mone ausgeschüttet, beim Misserfolg strömt ein
Stresshormon in den Körper. Die Aktivierung
kann in beiden Fällen sehr stark sein.

Wenn sie also immer jemand anderen mit-
nimmt und keine Zeit hat für mich, dann werde
ich denken: Schade! Sch..! So ein Mist! Vielleicht muss ich das anders angehen! Dem werde
ich es zeigen! Der wird das zu spüren bekommen! Der wird mich kennenlernen! Der weiß
nicht, mit wem er sich da anlegt!

Alles Gedanken und Aussagen die zeigen,
dass der Kern des Menschen, das was ihn ausmacht einen Ausdruck finden wird – im Guten

oder im Bösen. Entscheidend hierbei ist die Motivation als Ausmaß der Energie bzw. das Ausmaß der Aktivierung. Möchte jemand hochmotiviert (oder mit viel Energie) etwas erreichen und es wird ihm verwehrt, so ist es die Energie, die im Raum steht und die verwendet werden muss, um zu zeigen, wer man ist. Die Energie der seelischen Bedürfnisse wird freigesetzt. Der Verstand kann mit Hilfe der Gefühle dafür sorgen, dass zwischen richtig, falsch, destruktiv und konstruktiv diese Energie umgesetzt wird.

Entscheidend bei der Frage der Motivation bzw. der freigesetzten Energie ist der Umgang damit.

Zu lernen mit der eigenen Motivation/Energie umzugehen, klingt sehr einfach. Die einzige Schwierigkeit dabei liegt in der Tatsache, dass kein Gedanke ohne ein Gefühl existieren kann. Sehen wir uns motiviert etwas zu erreichen, so geht hiermit ein positives Gefühl einher. Ein positives Gefühl spürt nicht nur derjenige der es hat, sondern auch die oder der Partner oder Arbeitskollege.

Je höher die Motivation, umso stärker das Gefühl das den Gedanken begleitet und die Stimmung die jemand ausstrahlt. Der Gedanke an sich kann immer derselbe sein, die Stärke des Gefühls und der Stimmung kann sich ändern. Wenn sich beispielsweise zwei Menschen die sich täglich sehen in der Früh nach dem Aufwachen ansehen und freuen, ist ein positives Gefühl ohne großes Energieausmaß zu erwarten. Sehen sich die beiden allerdings erst eine Woche später wieder, weil einer auf Geschäftsreise war, so wird die Freude dieselbe sein, die einhergehende Energie jedoch wesentlich größer. Freuen sich beide gleich intensiv, so wird heftig umarmt und gehalten. Reagiert einer der beiden mit einem geringeren Ausmaß an Energie, mit weniger Euphorie, so ist ein Ungleichgewicht dieser beiden Menschen spürbar. Dem der mehr Energie hat wird auffallen, dass er zu wenig Reaktion, zu wenig Druck vom anderen verspürt. Derjenige der weniger Energie hat kann die Freude und das Ausmaß an Energie als ein Bedrängen, als Druck und damit als störend empfinden. Dieses Ungleichgewicht wird wahrscheinlich zu einem Streit führen, der das Ziel hat, die Spannung beider Partner auf das gleiche Niveau zu bringen. Dann erst fühlt es sich gut an, sich dem Partner zu zeigen, wie man sich fühlt und dann erst wird man sich verstanden fühlen.

SEXUALITÄT ALS IDENTITÄT

Sex gilt als Lebenselixier für ein gutes Leben. Als die ultimative Möglichkeit, sich zu spüren, zu zeigen, wer man ist und den anderen zu spüren. Der moderne Mensch lebt *spornografisch*, einer Mischung aus sportlich und pornografisch. Zu fühlen, wie gut man jemand anderem tun kann, bleibt da auf der Strecke. Und zu erleben, was in mir und der anderen Person durch mich ausgelöst wird ebenfalls.

Sexualität? Geht das überhaupt mit meinem Körper? Was für eine Frage? Klar sehr gut, aber nicht unter jeder Bedingung – wie bei jedem anderen Menschen auch. Ich möchte weder benutzt werden noch benutzen und doch eine Leichtigkeit und Freude hierbei bewahren. Und wenn ich eine Beziehung beginne, sind immer die Fragen des Vergleichs im Kopf. Nicht mit Idealbildern, sondern mit der Normalität von Beziehung und Annäherung. Eine Szene im Kopf wie ein kleiner Spaziergang, oder Tanz, kleine Berührungen, eine Umarmung und dann die Liebkosungen, die von einer stehenden Position in eine eindeutige führen. So eine Annäherung, ein kurzer Austausch von Blicken und Gefühlen funktioniert bei mir anders. Ich würde sagen etwas weniger locker und etwas mehr ich. Der klobige Rollstuhl, an dem man sich ordentlich anhauen kann, die acht Sekunden, die ich benötige, um den Sitz des Rollstuhls hochzufahren, die Geräusche die meine Armprothese macht beim Fixieren des Ellbogens, und dann brauche ich noch Hilfe, die beim Öffnen der Hemdknöpfe beginnt ... All das zeigt, eine spontane Umarmung, ein Heranpirschen an meine Frau ist schwer möglich. Im Vergleich zur Normalität denke ich mir, dass mit meinem Körper mehr Nähe entsteht. Vielleicht nicht auf körperlicher Ebene, aber auf einer menschlichen Ebene, da jegliches Herumturteln, jegliches Liebesspiel und vielleicht auch Machtspiel wegfällt. Denn ich bin so, wie ich bin. Das bedeutet nicht, dass plötzlich eine schlechte, ernste Stimmung herrscht, nein, die ist gut und kann genauso geladen sein. Aber es ist keine Stimmung, die einen bedingungslosen und zügellosen One-Night-Stand erlaubt. Es wird deutlich, dass ich mich sehr damit auseinandersetzen musste, was Liebe, was Intimität ist, wo diese beginnt und wie sie funktioniert. Ich beginne wieder im Kopf, nicht als Perversling oder Pornograf, sondern mit der Frage: Wie viel wiegt ein guter Gedanke – allein die Gedanken an Zärtlichkeit und Sex sind mit Energie und Kraft besetzt. Wie gut das tut, jemanden zu spüren, gehalten, gestreichelt zu werden und jemanden zu halten. Es ist nicht nur ein Akt der Befriedigung, sondern ein Akt der zeigt, wer man ist. Wer man ist, unabhängig von Beruf und gesellschaftlicher Stellung. Wer man ist mit jeder Körperzelle. Der Mensch von heute muss wertvoll sein und das bedeutet männlich oder weiblich anziehend, sexuell attraktiv. Unabhängig davon ob man dick ist oder dünn, behindert oder makellos. Mit einer Behinderung zu leben, bedeutet sich auch diesen Fragen stellen zu müssen. In einer Umgebung von lauter attraktiven Menschen will ich natürlich auch als wertvoll und damit attraktiv gelten. Doch wer ist sexy und was ist sexy?? Ein Blick in Zeitschriften oder Werbung bringt schon die Frage: Bin ich schön genug? Bin ich Mann genug? Bin ich liebenswert genug? Sexy als stellvertretendes Wort für verlockend, begehrenswert, extrovertiert-attraktiv. Darstellend, dass man ein Mann oder eine Frau ist. Die Realität, die Menschen, die ich dann sehe, wenn ich ausgehe, lassen mich diese Fragen mit JA beantworten. Ja, ich genüge. Ja, ich finde mich sogar mehr als nur genug, denn außer dass mein Körper nicht ganz komplett ist, fehlt mir nichts. Nichts was nicht liebenswert ist. Eigenartig vielleicht, aber in einer Zeit, in der Individualität großer Wert beigemessen wird, stört das wenig.

Sex als Identität, die auf den ersten Blick rein körperlich ist. So begehre ich also auf den ersten Blick einen Körper, der weiblich ist. Und die Frage taucht auf, ob mein Körper auch begehrenswert ist, als männlich gilt (in meinem Fall). Der Wunsch nach einem Körper beginnt mit einem Bild, einer Idee und Vorstellung, was mit diesem Körper gelebt werden kann. Tiefgründiger gedeutet für den Betrachter, bedeutet dieses Bild oder diese Vorstellung einer ganzen Szene die Erschaffung einer Identität und die Existenz als Mann oder Frau. In der Vorstellung wird man zum Mann oder zur Frau. Ein schöner Körper wird somit gleichgesetzt mit einer tollen eigenen und fremden Identität, mit viel Leben und körperlichen Reizen.

Damit es zu dieser Erfahrung durch Sexualität kommen kann, muss man erst einmal gesehen werden. Und gesehen wird man, indem der Blick immer eine Spur zu lang auf dem anderen klebt. Mit einer Behinderung wird das etwas langwieriger. Blöd ist das nämlich behindert zu sein, denn die Blicke sind meist eine Spur länger als gewöhnlich – ohne anbahnende Hintergedanken, eher aufgrund gewisser Anomalien. Also wird man ein Gespräch beginnen, indem man zeigt, dass man Interesse an dem Leben des anderen hat. Hier beginnt man den anderen zu spüren, und es baut sich eine Spannung auf, wenn gegenseitiges Interesse besteht. Sich selbst erfahren als Mann oder Frau benötigt Berührung. Im Rollstuhl ist es nicht so leicht eine gemeinsame Ebene zu finden auf der man sich trifft. Diese Ebene muss man finden. Ich musste mich soweit kennenlernen, dass ich weiß, wie ich am ehesten berührt werden kann auf derselben Ebene. Erst wenn man berührt wird, spürt man nicht nur den Körper, sondern mehr. Das ist dann der Moment, in dem der Körper unwichtig wird. Dann erst wird der Körper lebendig, wenn man die Energie spürt, die Spannung, die Ängstlichkeit, die Sicherheit, die Fülle des Menschen oder die Leere. Man kann die Seele eines Menschen hierbei erahnen und einen Teil von sich selbst zeigen, wenn man möchte. Hierin liegt das Gute und das Schlechte an der Sexualität.

Intimität, Romantik und Sex sind mehr als eine Stimmung, die erlebt und konsumiert wird. Wie es mir geht, wie sehr ich jemanden mag, was ich vermisse und brauche – alles was schwer in Worte zu fassen ist, wird über Körperkontakt vermittelt. Ohne ein Du kein Ich – Wie sehr ich mich selbst, den Kern meines Wesens, meine Seele respektiere und achte wird durch Körperkontakt spürbar. Spürbar für mich und die Partnerin/den Partner. Auf der seelischen Ebene brauchen wir Intimität, Romantik und in der Folge Sexualität, weil hierbei die intensivste Form besteht, sich dem anderen zu zeigen. Das Ausleben als Trieb, als Drang von jemandem erkannt zu werden als der, der man wirklich ist.

Die Behinderung hat mir gezeigt, dass es wichtig ist darüber nachzudenken, was man benötigt, um in jeder Hinsicht attraktiv, liebenswert, begehrenswert und toll zu sein. Dass es wichtig ist für mich, eine Identität als Mann aufzubauen. Nur dieses Bild von mir macht mich zum Mann und nicht der Körper. Auch wenn Liebe und Sex mit dem Körper ausgelebt werden. Dieser könnte noch so groß und stark sein – ohne diese Identität ist jeder große starke Mann ein kleines Kind. Die Gesellschaft kann das nicht erkennen. Dieses Bild offenbart sich nur jenen Menschen, die uns besser kennen – nackt kennen. Hier wird sichtbar, wer man ist. Ob Generaldirektor, Vorstand, Mechaniker, Verkäufer oder Friseur, eine reife Persönlichkeit, die körperliche Liebe geben und empfangen kann muss zusätzlich entwickelt werden. Nur so kann man Macht ausüben im Bett, sich unterwerfen, sich spielerisch unterhalten und jeweils auf die Bedürfnisse der Partnerin eingehen.

SEXUALITÄT UND TREUE

Ist Treue wichtig, richtig und überhaupt möglich? Moralisch richtig natürlich, aber ich bin zu dem Schluss gekommen, Treue ist auch menschlich gesehen eine Forderung an sich selbst. Mit einem Partner ist das Leben schwierig genug, wozu dann mehrere haben? Zu diesem Schluss zu kommen, daran ist auch meine Behinderung schuld. Die Forderungen der Achtundsechziger-Generation mögen vielleicht anders aussehen, aber ich bleibe bei meinem Schluss.

Logisch schlussfolgernd aus dem was Sexualität ist, nämlich die komplette Akzeptanz meiner Person, eine absolute Bestätigung des Egos, könnte folgender Gedanke kommen: Besonders mit einem Körper, wie dem meinigen muss es doch mehr als verlockend sein, jeder Versuchung nachzugeben. Eine Frau bzw. Sexualität muss doch für mich die ultimative Bestätigung von Männlichkeit und Überwindung der Behinderung sein.

Auch ich kenne den Unterschied zwischen Sex und Liebe. Zwischen rein körperlicher Befriedigung und seelischem intimen Gleichklang.

Liebe öffnet ein Herz und es wirkt bedrückend sich mit Gewalt an diesen einen Menschen, dem man sich öffnet, zu klammern. Die Liebe muss frei bleiben und gleichzeitig nicht verraten und betrogen. Wenn ich mit meiner Behinderung mit meiner Frau lebe, so ist auch wegen der Behinderung so viel Nähe und so viel Vertrautheit auf mehreren Ebenen da, dass ein Seitensprung in meinen Augen ein Verrat an dieser Nähe und intensiven Intimität ist. Die Tatsache, dass jeder Zentimeter meines Körpers von meiner Frau gemocht wird lässt diesen zu etwas werden, zu einer Art Schatz, von dem ich möchte, dass niemand anderer ihm so nahekommt.

Ich bin zwar Romantiker, aber ich bin vor allem Realist. Meine Frau habe ich mit fünfunddreißig Jahren kennengelernt und Erfahrungen mit der Liebe habe ich vorher schon gesammelt. Und ich konnte feststellen: Der große Vorteil der Behinderung, diese unverblümte Nähe, ist gleichzeitig ihr großer Nachteil. So lange die

Nähe da ist, solange es gelingt eine vertrauens-
volle Stimmung zu bewahren, die nicht durch
Druck unaushaltbar wird, solange ist Treue kein
Problem. Weder für mich noch für meine Partne-
rinnen. Doch die Liebe fordert, indem sie durch
Nähe, Berührung, Zärtlichkeit und infolgedessen
Sex ständig neu gelebt und erlebt werden möchte. Zuerst möchte – dann muss man. Was macht
denn das Wort muss hier? Dem Konzept der
Seele folgend ist es ein MUSS: Eine Partnerin
sucht man ja nicht, weil die Liebe immer lustig,
locker, leicht ist, sondern weil man sowohl den
Partner spüren, lieben und erkennen möchte und
erst durch den anderen sich selbst zeigen kann.
Und dieser Drang sich zu zeigen und dem anderen hinzugeben, der ist der sogenannte Preis der
Treue, ob mit Rollstuhl oder ohne.

Eine Atmospäre und eine Stimmung zu schaffen, in der Nähe gern zugelassen wird, vor dieser
Herausforderung steht ein jeder.

DER MENSCH ALS STIMMUNGSTIER

Ein gutes Leben kann leicht verwechselt werden mit einer guten Stimmung. Gute positive Stimmung entsteht, wenn man zufrieden ist mit sich und einer Situation. Diese Zufriedenheit ist eine Form von Wertschätzung. Und diese Wertschätzung muss gelernt werden. Automatisch erlebt wird sie, wenn man sich zum Beispiel hübsch findet. Und mit einer Behinderung wird diese Wertschätzung, diese Stimmung nicht automatisch verbunden, zumindest meiner Erfahrung nach. In meinen Begegnungen wird zunächst versucht, mir eine neutrale Stimmung entgegenzubringen. Das bemerke ich, wenn die Stimmung eher kühl und zurückhaltend ist.

Ein gutes Leben ist ein sinnvolles und das beinhaltet alle Gefühlsaspekte. Gut heißt nicht nur happy. Eigentlich kommt das sehr oft in Filmen vor und ich habe es selbst auch in der Kirche bei meiner Hochzeit meiner Frau versprochen: in guten wie in schlechten Zeiten. Dennoch ist die Forderung nach Glück, Leichtigkeit und guter Stimmung ein seltsames Phänomen unserer Zeit.

Arbeit, Leistung, Geld, Erfolg, Urlaub, Ausgeglichenheit mit sich und innerhalb einer Beziehung – all diese Dinge werden automatisch mit einer positiven und guten Stimmung in Verbindung gebracht. Wir sehnen uns nach einer guten Stimmung. Diese kann man durch Kunst, Erfolg, Liebe, Musik, in Form von Glücksgefühl, Rausch, Verliebtheit, Begehrtheit durch einen Flirt, Komplimente, Verstanden werden, Liebe, Sex etc. erleben. Kaum hat man sich etwas Tolles gekauft, etwas gewonnen oder ein Ziel erreicht, dann ist sie da, die gute Stimmung. Man hat sie sich verdient und sie kommt scheinbar automatisch. Sie kommt mit coolen Getränken, mit Pool am Meer, mit kurzen Kleidern, dünnen Körpern und guter Musik. Doch woher kommt sie? Man schafft sie sich selbst, die gute Stimmung – außer die gute Musik, die schafft ebenfalls gute Stimmung. Die schlechte Stimmung schafft man sich jedoch auch selbst. Auch diese kommt von innen. Außer in der Musik, die schafft – im Sinne von erschafft – traurige oder melancholische Stimmung. Bis zu einem gewissen Grad wird die eigene Stimmung von unseren Mitmenschen mitbestimmt; Angst, Wut, Verzweiflung, Trauer – das alles ist auch ansteckend. Genauso wie Lachen, Fröhlichkeit, Zärtlichkeit, Risiko und Mut bis hin zum Leichtsinn und zur Dummheit. Stimmungen erzeugt man sich.

Eine negative Stimmung ist schwer auszuhalten und wird gemieden. Wir verhalten uns derart, sodass eine positive Stimmung entstehen kann, innerhalb derer es sich zu leben lohnt.

Stimmung ist mehr als eine momentane Befindlichkeit. Das wäre die Laune. Eine Stimmung bestimmt wie ein Tag abläuft und ob man sich in der Gegenwart dieses Menschen wohlfühlt oder nicht. Jeder kann mal schlechte Laune haben, das wird verziehen. Eine Stimmung kann trotz schlechter Laune gut sein. Wenn etwas nicht gelingt, so ist Ärger berechtigt, aber die Stimmung darf gut bleiben. Wie ein Tag abläuft kann niemand wissen. In positiver oder guter Stimmung zu sein bedeutet nicht, dass alles erfolgreich sein muss, oder alles schön. Es heißt lediglich, dass man mit sich selbst im Grunde genommen zufrieden ist. Man kennt die eigenen Stärken und Schwächen und strebt damit ausgerüstet etwas an. Und bei dieser theoretischen Überlegung darf man sich fragen, ob das jeder darf. Es darf nicht nur jeder, es ist sogar für jeden wichtig, das zu lernen. Was benötige ich also, um etwas anzustreben. Einen lebensfähigen Körper und die Fähigkeit zu kommunizieren. Das genügt theoretisch für eine gute Stimmung.

Im alltäglichen Leben mit einer Behinderung und als Psychologe stellt sich oft die Frage wie gut die Stimmung sein darf. Jedem der im Krankenhaus arbeitet muss es gut gehen, nur so kann man viel leisten. Doch wie darf die Stimmung für Patienten aussehen? Wie viel darf man von ihnen fordern? Es darf ihnen so gut gehen wie jedem anderen, nur fordern kann man eine gute Stimmung nicht mehr so leicht. Einzig nahe Angehörige, die einen Menschen sehr gut kennen, können entscheiden eine positive Stimmung zu fordern. Respektlos gegenüber dem Schicksal wirkt eine zu große Euphorie oder die Forderung sich nicht aufzugeben und positiv zu denken.

Eine schwere körperliche oder geistige Behinderung wird mit einem großen Schicksal in Verbindung gebracht. Das Resultat ist das sofort mit dem Zustandekommen eines Kontaktes die gesellschaftliche Forderung einer positiven Stimmung oft ausbleibt. Aufgrund dessen, wenn keine positive Stimmung herrscht, ein langfristiger Kontakt nicht aufgebaut werden kann.

Welche Rolle spielt meine Behinderung im Erleben diverser Stimmungen? Durch meine Situation sind Möglichkeiten, etwas zu erleben nicht mit derselben Leichtigkeit des Seins möglich

wie ohne Behinderung. Stufen, Steine, Berge, Zugänge zum Meer, Tanzflächen ... all jene Dinge müssen überwunden werden, um etwas erleben zu können.

Baden am Meer, klar geht das, aber am ehesten an einem rollstuhlgerechten Strand. Gute Stimmung dort? Ja, aber viele Menschen mit viel Leid und vielen sichtbaren Problemen – auch wenn für diese Menschen der Aufenthalt am Meer mit viel Freude verbunden ist. Die Stimmung eines Ausflugs ans Meer sieht dann so aus: Zuerst super Stimmung – ah das Meer wie toll! Dann kippt sie etwas, die gute Stimmung – oh jeder gute Platz ist weg, kann ich überhaupt ins Wasser gehen heute? Dann gute Stimmung, ah da komme ich ins Wasser, dann schlechte Stimmung, zu viel Sand ...

Für meine Frau auch eine Herausforderung. Keine Swimmingpools wie in Luxushotels, keine Lautsprecher die gute Laune verbreiten, keine Menschen die nur Spazierengehen, um sich die Welt anzusehen. Zu groß der Aufwand, um von A nach B zu kommen. Alle hinken, humpeln oder fahren im Rollstuhl. Für mich eine Welt mit mehr Ehrlichkeit, da die Forderung nach diesen Symbolen wegfällt, die man mit einer guten Stimmung verbindet. Die gute Stimmung kann und muss auch mühsam erarbeitet werden, wenn man mit Leid oder einem schweren Schicksal konfrontiert ist.

Ich will leben und dazu gehört alles: lachen und weinen, Spaß und Traurigkeit. Und die tiefe Verbindung zu meiner Frau, die Liebe und die Treue, die braucht jede Stimmung, die gute und die schlechte. Die gute und schlechte mit einer Achtung vor dem Leben. Achtung vor ihrem Leben, vor ihrer Mühe zum Beispiel Kinder, Taschen und das Essen an den Strand zu schleppen, genauso wie vor meinem Leben, mich nicht von jedem Sandkorn aufhalten zu lassen. Eine Stimmung, die uns verbindet, muss da erst entstehen. Die

Stimmung kann erst gut werden, wenn sie und ich gleichzeitig froh sind. Auch wenn es nur die Freude darüber ist, einen guten Platz zu haben, Ruhe zu finden und die Natur spüren zu können. Dann erst ändert sich die intensive Zweisamkeit des Kampfes und der Mühen und verwandelt sich in eine die man schätzt und mag und die dann erst als gute Stimmung erfahren wird.

Die Abhängigkeit von Stimmung ist von Behinderung unabhängig, aber die Behinderung an sich kann eine Stimmung beeinflussen.

MUT ZUM SCHEITERN IN DER LIEBE

Ein Paarbeispiel aus meiner Praxis. Einer von beiden möchte mehr Liebe und Zuneigung als der andere. Befinden sich Mann und Frau in einem Raum, er hochmotiviert sie zu küssen und zu lieben – so wird er, wenn er diesen Kuss nicht erhält mit derselben Energie (oder Motivation) für den Kuss, tief enttäuscht oder sogar bitterböse seine Absicht unterlassen oder durchsetzen. Erreicht er sein Ziel nicht so wird ein Streit entstehen, wenn der Verstand mit dieser Energie für die Liebe nicht gut umgehen kann. Die Seele will in ihrem Ausmaß von Energie erkannt werden. Steht viel Energie, ein großer Drang hinter dem Bedürfnis nach Liebe, so entsteht ohne ersichtlichen Grund für die Frau ein großes Problem. Und zwar so groß, so groß das Ausmaß bzw. die Motivation ist den anderen zu küssen oder lieben. Entsteht Wärme nicht durch Liebe, dann eben durch Streit. Auch Reibung erzeugt Wärme und um diese geht es ihm und diese wird entstehen. Was dieses Beispiel beim Lesen schwer vermitteln kann ist die Stimmung, die sich plötzlich ändert, wenn die Frau den Kuss oder gar die Liebe des Mannes verwehrt. Es steckt so viel Energie, Sehnsucht und Vorfreude in einem Kuss, dass nicht nur die Laune schlecht wird, sondern die gesamte Stimmung für den Rest des Abends.

Die Hauptfrage für das Paar ist dann wie viel Streit und Auseinandersetzung ist die Beziehung wert? Schafft er es seine Energie so umzulenken, dass der Streit nicht zu heftig wird UND dass der Mann/die Frau nicht das Bedürfnis bekommen, sich jemand anderen zu suchen mit der/dem diese Energie kurzfristig gelebt werden kann.

Das wird häufig diskutiert, das Problem der ungleich verteilten Suche nach Liebe und Zuneigung. Wobei sowohl der Mann als auch die Frau lernen müssen, dass Liebe vorhanden ist, auch

wenn der Partner einen anderen Rhythmus hat
und die Bedürfnisse anders verteilt sind.

SCHEITERN AM BEISPIEL BURNOUT

Erfolgreich Scheitern bedeutet auch anhand von
Problemen, etwas zu entwickeln und etwas zu
betrachten. In Sachen Führungsqualität kann
man anhand der Gedanken, Sorgen und Gefühle
eines Menschen zu der Erkenntnis kommen, worauf es ankommt. Führen bedeutet nicht nur eine
Idee umzusetzen und gleichzeitig seine Mitarbeiter zu opfern. Gut Führen bedeutet, dass jeder
von dieser Idee profitieren kann, wenn er bereit
ist diese anzunehmen.

Ich komme auf mein erstes Beispiel zurück:
eine Burnout-Patientin mit Symptomen der Erschöpfung, Schlafstörungen, Denken an Situationen an die Arbeit … Sie arbeitet gern und gut und
wird „nur" von Kollegen und Vorgesetzten unfair
behandelt (subjektiver Eindruck – Menschen reden schlecht über mich, sagen mir Dinge nicht,
hinterfragen meine Fähigkeiten und Tätigkeiten).

Ich denke mir: Alles was einer gesellschaftlich
erfolgreichen Selbstdarstellung dient, wird als
positiv und sinnvoll erlebt. Will ich dem Kon-

zept der Seele folgen, so ist auch hier die Frage nach dem Sinn zu stellen.

Der Patient – ein Leben in dem scheinbar alles passt bis auf die gesellschaftlich erfolgreiche Selbstdarstellung von Kollegen in der Arbeit?

Diese Tatsache, dass der Chef und mit ihm die Kollegen eine Art Mobbing betreiben bedeutet, dass das fünfte Grundbedürfnis „Stärke und Anerkennung" nämlich die Würde, Anerkennung und Achtung fehlen. Und das obwohl oder weil mein Patient sonst alles hat – d.h. die anderen vier Grundbedürfnisse sind gedeckt. Sie ist weiblich, verheiratet, gesund, sieht gut aus und zieht sich gut an, hat Hobbys, Freiheit, Urlaub; sogar die Rolex am Arm.

Was kann da noch fehlen ist die Frage. „Ich wurde erzogen, mich nicht zu wehren und nicht gemein zu sein", berichtet sie. Die Erziehung steht plötzlich auch zur Debatte.

Mutter und Vater spielen immer noch die größte Rolle im Leben eines Menschen, wenn es um die Entwicklung dessen geht, was den Menschen ausmacht, die Seele. Mutter und Vater wirken immer in zweierlei Hinsicht:

Erstens in der Erziehung, also in der Vermittlung von Normen, Werten, Wissen etc. und zweitens: in ihrer eigenen Lebensführung. Eltern führen uns vor wie ein Leben gelebt werden kann oder auch nicht gelebt werden kann. Nicht immer stimmt der Erziehungsstil mit der Führung des Lebens der Eltern überein. Disziplin, Fleiß, Wissen und Können wird von Kindern oft in einem anderen Ausmaß erwartet als Eltern dies vorleben.

In den Lebensläufen zahlreicher Künstler, Sportler, Wissenschaftler und anderer Pioniere werden Mutter oder Vater als wesentlich bei der Entwicklung spezifischer Talente oder Eigenschaften erwähnt. Dabei können beide entweder durch Beachtung und Förderung auf seelische Bedürfnisse eingehen oder auch durch das komplette Gegenteil nämlich Ignoranz und Verbot. Zu erkennen, wer man ist, was jemanden ausmacht, was sie und ihn definiert, das wird durch Freude, Liebe, Reichtum, Disziplin und Können genauso sichtbar, wie durch Schmerz, Leid, Trauer, Misserfolg und Armut. Leider, und darin liegt das Drama der Erziehung und der Führung von Menschen. Drama einerseits, weil Menschen im Allgemeinen und Kinder im Speziellen auf Zuwendung und Liebe angewiesen sind und dafür so ziemlich alles bereit sind zu tun. Andererseits weil wir lieber erkannt werden als freundlich, reich, liebevoll, intelligent, kreativ und diszipliniert – als das genaue Gegenteil. Wir lernen aufgrund der Angewiesenheit, uns auf die gesellschaftliche Angepasstheit zu konzentrieren; darauf gemocht zu werden und weniger darauf zu achten, wer und was wir sind.

Worin liegt der Übergang von der Theorie zur Praxis, kann man sich fragen? Bei der Frage wie kann Burnout als Überbegriff mehrerer psychischer Diagnosen wie Depressionen, Angst, Erschöpfung, Zwangsgedanken usw. entstehen mit dem Blick auf menschliche Grundbedürfnisse inklusive seelischer Bedürfnisse. Dem Menschen, der an Burnout leidet fehlt etwas – oft auch dann, wenn die fünf Grundbedürfnisse von William Glasser gedeckt scheinen. Es fehlt jenes Element, das die fünf Grundbedürfnisse relativiert, sie also weniger wichtig macht: Das seelische Element, erkannt und akzeptiert zu werden als der, der man ist, unabhängig davon, was man kann und was man nicht kann.

Jeder, der in der Situation ist, gemobbt zu werden, empfindet meine Behauptung vielleicht als Frechheit, Gemeinheit oder als oberflächlich. Es ist trotzdem das Element der Erkenntnis das fehlt. Dieses seelische Element fehlt nur deshalb, da die Betroffenen so oft infrage gestellt wurden, sodass sie sich selbst fragen, wer sie denn seien, dass jemand so mit ihnen umgehen dürfe.

Wird man bei jeder Tätigkeit kontrolliert, wird alles hinterfragt und kommentiert, gelingt es nicht mehr zu zeigen, wer man ist und was man kann; die eigene Existenz wird hierdurch sinnlos gemacht. Und wer sich sinnlos fühlt, wird auch wertlos. Hiergegen kämpft der Verstand an. Zuerst will er sich anpassen und versucht, wenig Fehler zu machen. Da dies nicht gelingt überlegt der Verstand, was er wie tun könnte, um zu zeigen, wer er ist. Dieses Überlegen ist anfangs normal, wird aber so häufig, dass der Mensch krank und erschöpft wird – Burnout entsteht.

Am Beispiel der Burnout-Erkrankung wird deutlich, dass der Mensch als komplette Einheit sich Entwickeln und Weiterbilden muss. Kaum betrifft einen dieses Phänomen wird ersichtlich, dass es für die Persönlichkeit keine Trennung gibt zwischen Berufsleben und Privatleben. Gelingt es in einem der beiden Bereiche nicht, der zu sein, der man ist, muss man sich also zu stark anpassen, so leidet der gesamte Organismus in Beruf und Freizeit.

WAS KANN MAN TUN?

Als Psychologe hat man die Aufgabe Mut und Vertrauen zu geben, keine Opferrolle mehr einnehmen zu müssen. Es ist wichtig zu erkennen, dass man über das Problem anderer Menschen nur so lange nachdenkt, bis man es versteht. Es ist wichtig zu spüren, dass dieses Problem des Kleinmachens anderer zum Schicksal des anderen gehört. Anteilnahme am Schicksal anderer ist alles was getan werden kann, lösen und leben kann immer nur derjenige selbst. Ein Mensch mit Burnout denkt zu viel an die Probleme anderer nach und verliert damit seine eigene Energie und sich selbst. Man muss sich selbst erkennen in der Bedeutung, die man hat – in dieser eigenen Funktion und Rolle und man muss nun wieder lernen, sich groß und wertvoll zu fühlen als Person. Sich selbst einen Sinn geben, auch wenn es ein paar Menschen gibt, die keinen Sinn darin sehen wollen. Einen Sinn, in dem man sich traut, so zu sein, wie man ist, neben den Problemen der anderen Menschen und nicht gegen deren Probleme. In dieser Rolle ist man wichtig und in dieser darf man sich als Person wertschätzen lernen. Besteht man innerlich auf den eigenen Wert, so lernt man auch besser auszuhalten, was andere über uns denken; sollen sie denken, was sie wollen – das darf man dann lernen. Eines der Grundbedürfnisse besteht in der erlebten Freiheit. Man darf also den anderen Menschen ein Stück Freiheit geben, zu denken was sie wollen.

Beispielhaft möchte ich hier eine Krankenschwester erwähnen, die mit Patienten gut umgehen kann und deswegen sehr beliebt ist, sie kann aufgrund der Beliebtheit leicht in Konflikt mit ihrer Vorgesetzten geraten; ein Chirurg der besser schneidet als sein Chef …, ein Anwalt, der professioneller auftritt als sein Chef …, eine Putzfrau die gern arbeiten geht … Sie alle laufen Gefahr, in Konflikt mit Kollegen und Vorgesetzten zu geraten, wenn diese sich durch das Anderssein in ihrer Größe angegriffen fühlen. Ist in einem Team jemand besser, beliebter oder unbekümmerter, lockerer, gleichgültiger als jemand anderer, so läuft er Gefahr angegriffen zu werden. Nicht jeder dieser Angriffe ist Mobbing. Es geht oft auch um die Auseinandersetzung und Beschäftigung mit einem anderen Umgang mit Arbeit und Belastung.

Nur Menschen mit einem hohen stabilen Selbstwert sehen keine Gefahr in Menschen, die besser sind bei Tätigkeiten als sie selbst. Nur eine ausgereifte Persönlichkeit kann die Größe anderer Menschen respektieren und an sich heranlassen.

Der nächste Schritt liegt dann im Übergang vom Wissen zum Fühlen. In der Praxis darf dann der eigene Wert gelernt werden, die Bedeutung die man hat in seinem Umfeld. Ohne zu erkennen und zu fühlen, dass das eigene Dasein sinnvoll ist, wird das Gefühl nicht aufkommen, dem Wahnsinn des Arbeitslebens, in dem man nicht gemocht wird, Paroli bieten zu können.

Natürlich wird es immer unangenehm sein, in einer Umgebung zu arbeiten, in der die Anerkennung und Würde fehlen, ist jedoch etwas Sinnvolles an der eigenen Arbeit/Tätigkeit, so kann eine Zeit lang auch ohne Anerkennung gearbeitet werden, ohne ein Burnout mit zahlreichen psychischen Erkrankungen zu bekommen.

Langfristig jedoch muss man sich bewusst sein, dass man andere Menschen braucht, um sich wohlzufühlen und gesund zu bleiben. Wie man dazu kommt, das zu erkennen? Als Beispiel eine Patientin in einer Firma arbeitend. Sie sagt, die Arbeit an sich wäre immer dieselbe, seit Jahren. Sie wäre Teil eines Teams und jeder habe seine Aufgabe. Die Tätigkeiten mache sie seit über zwanzig Jahren, könne sie fast schlafend.

Dennoch gäbe es eine Kollegin, die immer versuche, sie schlecht zu machen. Immer gäbe es blöde Kommentare, oft nicht einmal die Arbeit betreffend, sondern die Person betreffend. Kommentare wie: „das hat man doch", „das solltest du schon wissen", „ich würde mir das nicht erlauben". Bemerkungen, die auf der Gefühlsebene klein machen. Weshalb wisse sie gar nicht.

Was muss man sich nun klar machen? Was muss man lernen und wissen? Wir leben in Europa in Freiheit. Wir sind frei zu mögen und nicht zu mögen, wen wir wollen. Diese Freiheit muss man anderen Menschen und der eigenen Person auch zugestehen. Wenn sich jemand kleinmachend verhält, muss man sich die Freiheit nehmen eine Grenze zu ziehen. Eine innerliche, sodass diese beleidigende Person einem nicht mehr wehtun kann. Eine Grenze, die nicht auf Konfrontation und Auseinandersetzung basiert, sondern auf innerer Großzügigkeit. Jede Auseinandersetzung beschäftigt sich nämlich mit der Stimmung des anderen. Und einer Stimmung die kleinmachend wirkt, muss man ausweichen. Erst wenn man sich wirklich stimmungsmäßig unabhängig macht von solchen Arbeitskollegen, kann man frei sein, ohne schlecht über sie zu reden. Man muss aber lernen, sich auf etwas zu konzentrieren. Konzentrieren auf andere Beziehungen oder Kunst, Wissenschaft, Arbeit – denn darauf, worauf ich achte, richte ich meine Energie.

ENERGIE FOLGT DER AUFMERKSAMKEIT

Am Beispiel von Burnout wird dieser Satz besonders anschaulich. Menschen, die an diesem Syndrom leiden fühlen sich leer, kraftlos und klein und denken sich oft an kleinmachende und emotional verletzende Situationen am Arbeitsplatz. Können nicht abschalten. Sorgen und Ängste, eine starke Unruhe – all das kommt bereits an einem Sonntag, wenn am Montag Arbeitsbeginn ist. Es entsteht der Eindruck als wäre null Energie vorhanden. Was jedoch, wenn all die Energie in diese Gedanken fließt? In Gedanken daran, kritisiert zu werden, respektlos behandelt zu werden. Und diese Gedanken sind es, die die Energie rauben. Die Energie folgt immer der Aufmerksamkeit. Gedanken an respektlose Kollegen verhindern Freude, Spaß, Freizeit, Liebe und – Freiheit. Denn was sich Menschen gegenseitig geben sind Gefühle. Und mit diesen Gefühlen verbunden ist Energie. Wir müssen also lernen an jene Menschen zu denken, die uns mögen. Von jenen Menschen träumen, die uns guttun. Nicht um der Realität zu entkommen, sondern um Energie zu haben, der Realität entgegentreten zu können. Dann erst können wir eine eigene Realität erschaffen und leben.

„Energie folgt Aufmerksamkeit" wirkt immer, besonders bei sogenannten Vorurteilen. Nicht umsonst wird bei Bewerbungen auf den ersten Eindruck hingewiesen für den es keine zweite Chance gibt. Anhand von schlechten Erfahrungen und dem Beispiel von Burnout ist dieses Phänomen gut erkennbar, die Energie folgt aber auch im positiven Sinn. Nicht in Form von Euphorie, sondern viel subtiler in Form von Freiheit, Gelassenheit, Kraft und Ausgeglichenheit. Um dieser Theorie ein praktisches Beispiel zu bieten, beschreibe ich meine eigenen Erfahrungen. Denn mit einer Behinderung löst man viele Vorurteile aus, die meiner Meinung nach mehr mit Skepsis und Verwunderung einhergehen als mit kraftvollem Zutrauen und Offenherzigkeit. Diese Vorurteile wirken eher energieraubend als energiegebend. Von diesen musste ich mich freimachen – sonst hätte ich zugelassen, dass aus dem Vor-Urteil ein Urteil hätte werden können.

MEINE ROLLE ALS MANN

Werden, wer man ist, sich anderen zeigen als der, der man ist, sich entwickeln und großzügig sein ... Wieso meine eigenen Erfahrungen anführen, wenn es darum geht, wie man sich in der Gesellschaft wohlfühlt? Mit einer Behinderung ist man mit denselben Problemen konfrontiert wie alle anderen Menschen – doch die Fragen, die für nicht behinderte Menschen ganz „normal" sind, wirken bei einer Behinderung beinahe lächerlich. Weil mit einer Behinderung neben den Problemen sich zu integrieren, jemanden zu finden, zu lieben und mit demjenigen zu leben auch Probleme bzw. Themen auftreten, die nicht überspielt, ignoriert oder schön geredet werden können. Diese Probleme treten spontan auf und wollen besprochen, diskutiert und bestenfalls gelöst werden. Die Frage, ob ich groß genug bin, kann nicht durch Stöckelschuhe oder hohe Absätze beantwortet werden. Die Frage der Größe ist, wenn man mich sieht, die falsche Frage, denn es ist unwichtig. Eigentlich nicht nur bei mir. Die Frage, ob ich schnell laufen oder hoch hüpfen kann, muss ich auch mit „unwichtig" und „nein" beantworten. Die Frage jedoch, ob ich schnell laufen, den Ball weit schießen oder toll tanzen gut finde, muss ich mit ja beantworten. Und wenn ich etwas gut finde, dann schaue ich gerne zu und bin dabei. Ich habe gelernt, mich zu freuen, wenn andere etwas gut können und durch ihr Können ihren persönlichen individuellen Ausdruck verkörpern. Ich selbst war als Schüler im Sportunterricht gelegentlich aktiv dabei, so gut ich konnte, immer aber anwesend, wenn ich nicht aktiv teilnehmen konnte. Wieso ich dabei war, könnte man fragen. Weil die Mitschüler auch dabei waren, wenn sie verletzt waren, krank oder einfach ihre Tage hatten. Auch sie waren lieber dabei, als die Zeit woanders zu verbringen.

Die Fragen „Was macht der da? Was hat er denn davon?" scheinen bei einem Menschen mit Behinderung eher aufzutauchen. Stellen sollte sich die jeder oder niemand.

Von frühester Kindheit an war mir bewusst, dass ich behindert war und die meisten anderen, die ich kannte nicht. Mir waren immer schon, entweder vom Kindergarten her, von Familienfeiern, Ausflügen und vom Fernsehen etc. alle sozialen Merkmale bekannt, die wichtig waren, um „beliebt", „in" oder „cool" zu sein. Diese Merkmale waren nicht nur körperliche Fähigkeiten und Eigenschaften, wie groß sein, stark sein, schnell sein, wichtig dastehen zu können. Solche sozialen Merkmale bestehen auch aus anderen Dingen, wie Sprüche, Jeans, Spielzeug aller Arten, die Art und Weise sich zu bewegen, Sonnenbrillen, dazustehen oder einfach nur zu schauen. Jedes Kind beobachtet und kopiert und verändert sein Verhalten. So auch ich. War ich mit der Art, die ich mir zulegte (auch nur Kopien von Vorbildern und Idealen) zufrieden und mochten mich die anderen (zum Beispiel durch gemeinsames Spielen), so fühlte ich mich wohl – integriert. Sah ich im Fernsehen, dass nicht ein passives Herumhängen „in" war, sondern eine aktive gerade Haltung, und fand ich das gut, so kopierte ich das. Stramm stehen wäre schwierig, aber gerade sitzen kann und konnte ich ja auch – auf meine Art.

Das Lernen, dass ich Sachen auf meine Art machen kann und muss, das war ein längerer Prozess. Besonders hierbei geholfen hat der Umstand, dass ich in Heidelberg medizinisch behandelt wurde. Diese Behandlungen waren beispielsweise notwendig, damit meine Arme wachsen konnten. Der Knochen wächst nämlich von Natur aus spitz zu und damit wären beide Oberarmknochen aus meiner Haut ausgebrochen und hätten gekürzt werden müssen. Außerdem wurde mein Fuß so gedreht, dass ich meinen Rollstuhl steuern kann oder etwas halten kann. Zusätzlich dazu erhielt ich Arm- und Beinprothesen, um selbstständiger zu werden. Allerdings musste immer ausprobiert werden, was von den vorhandenen Hilfsmitteln tatsächlich nützlich und was hinderlich war. Von zahlreichen Arm- und Beinprothesen blieb mir eine rechte, myoelektrische Armprothese und ein E-Rollstuhl. Die medizinischen Behandlungen wurden für mich meistens in den Sommermonaten geplant, damit ich meiner Schulpflicht nachkommen konnte. Gute Noten waren nie wichtig zu Hause, aber Bildung. Der Schulbesuch an sich und Bücher hatten einen hohen Stellenwert. Auch ich war es wert, eine gute Schule zu besuchen. Und der Sommer und die anderen Schulferien waren dazu da, um behandelt zu werden. Anfangs in Wien und anschließend in Heidelberg. Dort waren viele Kinder die ebenfalls Behinderungen hatten. Die Unterteilung zwischen Männern und Frauen sowie Kindern und Erwachsenen war in der Abteilung üblich; gemeinsam waren Garten und Aufenthaltsräume. Unter anderem waren dort Kinder die an Contergan-Schäden litten. Diese Schäden waren teilweise den Problemen meiner Behinderung sehr ähnlich. Besonders, im Sinne von außergewöhnlich, war für mich, dass an der Klinik der Umgang mit Behinderung auf einem breiteren Spektrum als „normal" erlebt werden konnte. Eine davon war die Wertigkeit. Die war nämlich gleich; alle waren gleichviel wert dort. Von der Putzfrau bis zu Prof. Marquardt, dem Leiter der Abteilung. Von ihm ging der gleiche Respekt für alle aus. Das gefiel mir. Ich war dort nicht herausstechend, weder besonders viel, noch besonders wenig, noch besonders seltsam. Diese Gleichwertigkeit war so stark angenehm spürbar, dass einmal pro Woche bei der Chefvisite die komplette Station anwesend war. Alle inklusive Reinigungspersonal. Das war richtig und wichtig so, denn nur so konnten sie uns behinderte Kinder ALLE gleichwertig behandeln. Keiner schaute dort mitleidig, keiner weinte nach dem Putzen oder Waschen, keiner schaute von oben auf uns behinderte Kinder herab. Und wir Patienten lernten die Bedeutung eines jeden Einzelnen kennen und schätzen. Ich war genauso nett zum leitenden Oberarzt wie zur Putzfrau und zur Stationsschwester. Ich wusste, dass alle wichtig waren, um die medizinische Behandlung aufrechtzuerhalten. Auch wenn es für mich normal und selbstverständlich war und ist will ich es kurz beschreiben. Eine ganze Station voller behinderter Kinder, die alle den Sommer über chirurgisch und prothetisch versorgt wurden. Kaum eines von uns Kindern hatte einen Rollstuhl. Die meisten bewegten sich auf Bobby Cars, Tretautos, am Boden oder mit Prothesen irgendwie fort. Bis zu meinem zehnten Lebensjahr hatte ich ein umgebautes Dreirad ohne Pedale. Ich bewegte mich fort, indem ich mit meinem Fuß antauchte. Der Fuß ist aber nicht belastbar, d.h. ich kann nicht frei darauf stehen und was wichtig für feinmotorische Angelegenheiten ist, wie z.B. etwas zu halten, Material zu spüren, als Kind mit Matchbox-Autos zu fahren etc. Mit diesem Fuß schob ich mich entweder am Boden oder auf dem Dreirad voran. Nicht nur ich, sondern eben auch die anderen Kinder. Und das auf einer Station der orthopädischen Chirurgie. Lange konnte es keiner nach einer Operation im Bett aushalten. Alle waren wir am Boden. Heute weiß ich, dass die Hygiene einen wesentlichen Beitrag zum Erfolg einer Operation beiträgt. Die Putzfrauen dort haben also viel dazu beigetragen, dass wir uns so bewegen konnten, wie wir es gewohnt waren. Nicht nur wie wir es gewohnt waren, sondern auch angeleitet wurden, uns so zu bewegen.

Die einzige Wertigkeit, die immer angenehm und nur einmal aufgrund eines Mitpatienten im Jugendalter einmal weniger angenehm zu spüren war, war dass ich Österreicher war. Wenn ich „Palatschinke" statt „Pfannkuchen", „Ribisel" statt irgendeiner Beere und „Semmel" statt „Brötchen" sagte, so war ich in diesen Momenten nicht nur Österreicher sondern Wiener. Ob behindert oder nicht behindert war egal – hauptsächlich Österreicher. Neben der Behinderung war es ein weiteres, normal wirkendes Identitätsmerkmal, das mit einer positiven Bewertung einherging.

Während ich in Wien von meiner Familie und Freunden normal, aber sonst eher als behindert behandelt wurde, war in Heidelberg das Gefühl, für mehrere Menschen normal zu sein gegeben. Nicht nur die Klinik dort, sondern beinahe die ganze Stadt kam mir behindertenfreundlich und mich als normal betrachtend vor. Ich erlebte in Wien, dass die Menschen die mich „normal" behandelten, mich sehr schätzten und unterstützten. Ich kannte in Wien eigentlich niemanden, von dem ich behaupten könnte, er habe mich „normal" behandelt und nicht gleichzeitig sehr geschätzt. Ich wusste aber von vielen, dass sie mich als ungewöhnlich betrachteten; eine gleichwertige Schätzung auf einer – von mir interpretierten – breiteren Ebene war neu und das half schon mal. Es bestätigte auch die Relativität der Wertschätzung meiner Eltern. Es war damit für mich eine zusätzliche emotionale Bestätigung, dass es normal war, dass sie mich mochten, schätzten und förderten, genauso, wie meine zwei gesunden Brüder. Ich war somit so, wie ich war, so schlimm, so wütend, so brav und so nett wie ich sein wollte. Einige andere Kinder mit Behinderungen in Wien mochten meine Eltern nämlich auch sehr und wiesen mich auf mein großes Glück hin. Erst in der späten Pubertät und im frühen Erwachsenenalter habe ich verstanden, dass diese behinderten Mitschüler von mir weniger Glück hatten; sie hatten zumindest das Gefühl, von ihren Eltern nicht ganz selbstverständlich angenommen worden zu sein, wurden viel von Großeltern erzogen oder lebten im Heim.

Ich habe aber in Heidelberg auch die Bewegungsmuster aller anderen behinderten Kinder gesehen. Ich erkannte was sie zu kopieren versuchten und plötzlich wusste ich, wie das an mir aussehen musste. Ich wusste plötzlich, welche Bewegungen ich weiterhin kopieren konnte und für welche ich mir etwas Eigenes, Neues einfallen lassen musste. Die Art und Weise wie ich „ankomme" als Bub und später als jugendlicher Mann wurde wichtig und nicht, wie ich als Behinderter versuchte mich klar auszudrücken. Auch zahlreiche Hilfsmittel, die ich dort kennenlernte waren geschlechtsspezifisch. Eben nicht nur für behinderte Menschen generell, sondern für behinderte Männer und behinderte Frauen. Das machte nicht nur mich zu einem Mann, sondern vor allem auch die anderen Jugendlichen zu Männern oder Frauen. Da war das Leben dort gleich wesentlich interessanter. Wie zum Beispiel Hilfsmittel zum Tampon-gebrauch oder Schminken oder Haare waschen. Da war nicht nur die Behinderte mit rosa Kleid im Kopf, sondern da war eine Frau da, die eben auch behindert war, aber vorwiegend eine Frau. Das klingt heute selbstverständlich aber Ende der Achtziger-, Anfang der Neunzigerjahre in Wien war das Gefühl für mich, ein Bub oder junger Mann zu sein, schwer fassbar. Das Gefühl „normal" behandelt zu werden, hing eigentlich weniger mit der Wertschätzung zusammen, vielmehr damit, ob ich als Bub oder einfach als Behinderter ohne wesentliche geschlechtsspezifische Identität behandelt wurde. Ich war immer gut integriert, aber als männlich, habe ich mich erst so richtig in der Klinik in Heidelberg gefühlt, als der Umstand des Bubseins oder Männlichseins in den Vordergrund rückte. Auf Frauen geachtet habe ich seit ich denken kann, aber von ihnen als männlich betrachtet zu werden, das viel mir erstmals in Deutschland in der Klinik auf. Der Kontakt mit Menschen in Heidelberg war, bis auf das behandelnde Personal, und bis zu meinem Behandlungsende mit achtzehn Jahren auf Menschen mit Behinderung reduziert.

Die Tatsache, dass ich mich beinahe jeden Sommer männlich fühlte, machte für mich den Aufenthalt dort aus menschlicher Sicht sehr angenehm, obwohl dieser aus patientenbezogener, medizinischer Sicht sehr unangenehm und schmerzhaft war. Diese Tatsache bemerkte ich erst mit dem achtzehnten Lebensjahr, als ich keine Operation mehr nötig hatte. Aufgefallen ist dieser Umstand immer erst nach Abschluss des jeweiligen Aufenthaltes in Heidelberg. Wesentlich kompletter im Sinne von männlicher und weniger behindert habe ich mich dort gefühlt. Wichtig war das Zurückkommen nach Wien dennoch. Denn hier konnte ich erst erkennen, dass ich mich dort kompletter fühlte. Kompletter eben dadurch, dass ich nicht nur behindert war, sondern ein Mann. Das wollte ich in Wien auch sein, aber ohne das Umfeld eines Krankenhauses und unabhängig davon, ob die Menschen mit denen ich zusammen war, behindert waren oder nicht.

Aus heutiger Sicht hieß dieser Unterschied für mich hauptsächlich, eine andere Rolle in der Gesellschaft anzunehmen. Eine Rolle wird bewusst und unbewusst angenommen oder gegeben. Zu einer stabilen und guten Beziehung – und so eine suchte ich mein Leben lang – gehört die Ausgeglichenheit von Geben und Nehmen zwischen zwei Menschen. Während als Mensch mit einer Behinderung die Rolle als Hilfe-Empfänger relativ klar und schwer veränderbar ist, bedeutete für mich die Rolle als Mann, auch etwas geben zu können. Gleichzeitig wurden die behinderten Frauen, die ich kannte zu Frauen, die auch etwas zu geben hatten. Geben aufgrund der Rolle die Mann/Frau hat.

Und was dachte ich, was gibt ein jugendlicher Mann? Eine männliche, starke, kindlich dumme, manchmal zu viel trinkende, risikofreudige, verspielte, gleichzeitig aber sehr ernste und beinahe sture Ausstrahlung. Nicht dass ich auf ein klischeehaft männliches Verhalten stolz sein muss, aber ich war stolz, als Mann betrachtet zu werden und nicht als geschlechtsloser Rollstuhlfahrer. Ich musste wie meine Brüder und Freunde lernen, mit der Rolle als Mann in der Gesellschaft umzugehen. Ich konnte erkennen, wo die Grenzen sind, was gemocht wird und was nicht; wenn man mich mochte oder auch nicht mochte dann – so denke ich zumindest – weil ich mit meiner Rolle als Mann geschickt oder ungeschickt umgegangen bin und weniger wegen meiner Behinderung.

Mich komplett zu fühlen in einer Gesellschaft, die mich nicht wahrgenommen hat, bedeutete für mich sowohl die Erinnerung an Heidelberg, um diese Stimmung als vollständig wieder zu erleben, als auch viel darüber zu diskutieren und nachzudenken darüber, wer und wie ich denn sein wolle. Die Fragen in diesen Diskussionen, die ich mit Brüdern, Eltern, Freunden oder Bekannten führte waren dieselben, die auch sie hatten. Inhaltlich gab es keine Unterschiede. Anders war natürlich der Weg dorthin. Aber wie ich eine Beziehung gestalten wolle, was ich mir erwartete von der Liebe, von Beruf, vom Studium und von der Welt an sich, das war genau dasselbe wie das,

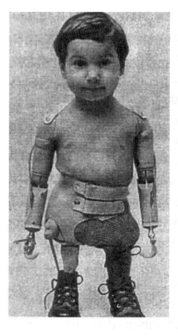 was meine Freunde sich erwarteten. Das Bild des Mannes in der Gesellschaft, der Wandel von Werten und der Umgang mit Frauen und mit der Emanzipation, diese Fragen schienen essenziell. Das Bild von Behinderung interessierte mich wenig. Behindert war ich ja und jegliche Diskussionen über Rechte und Vorurteile in Bezug auf Behinderung interessierten mich wenig. Wenig nur deshalb, da ich meine Probleme an anderen Themen auslebte und nicht weil ich behindertenspezifische Themen uninteressant fand. Bei der Frage danach, was mich ausmacht, was mich liebenswert oder weniger anziehend macht, kam natürlich wieder meine Behinderung ins Spiel.

Eine große Herausforderung bzw. ein großes Thema in meiner Entwicklung der Rolle als Mann vs. der Rolle als „Person mit Behin-

derung" war nämlich der Umgang mit meinen
Accessoires und Hilfsmitteln. Ob Sonnenbrille
oder nicht – überlegte ich natürlich auch, aber
viel sichtbarer und einen viel größeren Einfluss
auf meine Identität hatten meine Prothesen und
mein Rollstuhl, die plötzlich zu mir gehörten.
Und früher hatte man wenig Mitspracherecht.
Farbe und Form von Prothese und Rollstuhl
waren beispielsweise vorgegeben. Seit meiner
frühen Kindheit wurde von medizinischer Seite
her in Heidelberg versucht, mir Hilfsmittel zu
geben, die meine Selbstständigkeit erhöhten. Ich
erhielt Arm- und Beinprothesen und musste lernen, damit zu gehen, zu spielen, zu essen und zu
schreiben. Doch ich wollte nicht nur schreiben.
Ich wollte männlich schreiben, denn ich kannte
weibliche Schriftzüge von den Mädchen in meiner Klasse. In meiner Rolle als junger Mann jedoch war plötzlich wichtig, wie passt der Stil des
Schreibens zu mir, der mir durch die Prothese
gegeben war und schwerer von mir beeinflussbar war. Oder wie passt das Hemd zur Prothese –
lange oder kurze Ärmel? Wo trage ich meine Uhr, wenn überhaupt? Meine erste Uhr mit
zwölf Jahren trug ich am Fußgelenk, da ich die
Prothese zu wenig als zu mir gehörend empfand.
Und die Fragen, ob meine Prothese zu mir pass-

te, gingen weiter: Ist meine Prothese sauber, klebrig oder sonst irgendwie gekennzeichnet durch Spuren vergangener Ereignisse? Alles das waren Fragen, die plötzlich auftauchten, als ich begonnen hatte auszugehen. Ich musste also auf mehr achten als nur auf meine Frisur. Und dann musste ich jemanden finden, der meine Wünsche und Vorstellungen unterstützte, verstand und mir bei der Umsetzung half. Ein sauberer Rollstuhl beispielsweise – da war meine Oma hilfreich.

Was ich selbstständig konnte und was nicht, änderte sich schlagartig mit der Rolle als Mann – also mit dem Gefühl komplett zu sein als der, der ich zu sein glaubte. Nicht weil ich als Behinderter zu faul war, sondern weil es keine Bedeutung hatte, als Behinderter gut auszusehen oder sich um etwas zu bemühen. Wozu denn auch? Aber sich als junger Mann zu bemühen, um von Freunden akzeptiert zu werden oder von Frauen nicht übersehen zu werden, das lohnte sich.

Die Fragen „Wer bin ich?" – „Wie möchte ich sein?" betrafen stets mehrere Ebenen gleichzeitig. Die Motivation eine männliche beziehungsfähige Identität aufzubauen, war ein Teil meiner Entwicklung, aber neben der Gleichwertigkeit und der schulischen Ebene waren Hobbys und

Religion wesentlich, um von behinderungsfokussierten Inhalten wegzukommen.

Wie konnte ich es aufbauen, das Gefühl, dass auch mein Leben einen Sinn hatte? Wie ist es, so mit einer Behinderung zu leben und das Gefühl einer sinnvollen Existenz, jemand anderem weitergeben zu wollen?

Wie immer in der Psychologie – es ist die Schuld von Mutter und Vater, dass ich so bin.

Durch die Erziehung meiner Eltern ist es mir gelungen, als der erkannt zu werden, als der ich mich fühlte und fühle, trotz einer kaum übersehbaren Behinderung, die mehr Schwächen als Stärken vermuten ließ.

 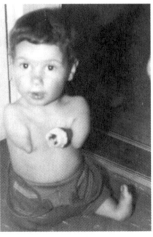

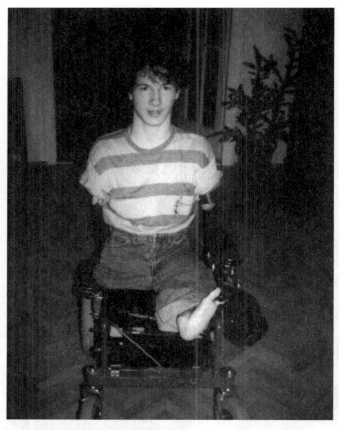

WERTE UND IDEEN WEITERGEBEN

Die Erkenntnisse der Philosophie, Medizin und Psychologie helfen für sogenannte Tatsachen, ein Gefühl zu entwickeln, dafür was richtig ist und was falsch. Etwas, das mit dem Verstand erfasst wird, geht in den Körper über und wird mit einem Gefühl in Verbindung gebracht. Wie lernt man, sich richtig zu verhalten im Leben mit dem Wissen, was richtig und was falsch ist? Wie kann man Beziehungen führen, sodass man sich gleichzeitig frei und erfüllt fühlt, ohne allein und einsam zu sein? Wie kann man also jemandem nahekommen, ohne diesen zu bedrängen und ohne weggedrängt zu werden? In Beruf, Privatleben und bei kulturellen Ereignissen ist dieses Thema wichtig.

Diese Fragen werden seit Jahren an mich als Psychologe, aber auch als Mensch und Mann gestellt.

Antworten hierauf können nur in Zusammenhang mit der Frage nach Ziel, Inhalt und Sinn eines Lebens gegeben werden.

Wir wissen, wie Platz eins erreicht werden kann und wie gute Berufe erreicht werden können. Doch müssen wir lernen zu geben, ohne zu erwarten, sonst entsteht Druck. Druck, etwas erreichen zu müssen. Druck, glücklich zu werden und ein gutes Leben zu führen. Und Druck erzeugt Gegendruck. Je mehr wir bekommen, je mehr erwartet wird, je mehr wir aktiv gefördert werden um unseretwegen, umso höher kann er werden, der sogenannte Preis der Freiheit. Jeder will frei sein und einzigartig, denn das fühlt sich gut und richtig an. Dieses Gefühl erreicht man leider auch anders, nämlich durch den Vergleich mit anderen. Dass dieser die Freiheit nimmt und auch die Individualität, das will niemand glauben. Denn auffallen möchte auch niemand, zumindest nicht unangenehm. Die Gefahr besteht darin, keinen Sinn zu sehen im eigenen Leben, keine Freude zu empfinden, sich diszipliniert zu verhalten oder blind danach zu streben, etwas zu erreichen. Wie viel Unterstützung brauchen wir wirklich, um unser eigener Motor zu werden? Wie lernen wir zu erreichen, was wir wollen? Wie lernen wir zu wollen, was wir für richtig halten und nicht nur für vernünftig?

Wir lernen stets in Gegensätzen zu denken und so entstehen gesellschaftliche Situationen, in denen einer gewinnt und der andere verliert. Durch Erfahrung und nicht durch Rückzug und Vermeidung entsteht das Bewusstsein, dass entweder beide gewinnen oder verlieren können. Dann erst strebt man eine Win-win-Situation an und lässt das Gegenüber auch gewinnen. Scheidungskinder, Geschäftspartner, Patienten und Ärzte, sogar Konkurrenten im Sport – kaum verliert jemand ernsthaft dabei, ist der sogenannte Gewinn nur mehr halb so viel wert.

Wir müssen also körperliche und emotionale Zuneigung bekommen, Interesse vermittelt und Wissen gelehrt, für Hobbys begeistert und durch Erkenntnis überrascht und zur Neugierde getrieben werden. Und dann werden wir erkennen, dass es nicht darauf ankommt, was wir lernen und anstreben, sondern dass es wichtig ist, alles unter Berücksichtigung der Menschlichkeit zu lernen und anzustreben – darin liegt das Paradoxon. Dieser Erkenntnisprozess, der ist entscheidend, denn dann können wir frei wählen wonach wir streben im Leben, was uns sinnvoll erscheint. Dann erst ist ein ziemlich gutes Leben möglich. Frei wählen? Freiheit, wovon muss noch gefragt werden, denn von Respekt, Achtung, Liebe und Zuneigung sind weder Kinder noch Erwachsene frei. Und dieses Abhängigkeitsverhältnis von Kindern zu Erwachsenen kann allzu leicht missbraucht werden, wenn es um die Weitergabe des

Erwartungsdrucks der Erwachsenen an die Kinder geht. Ein Druck, der unbewusst weitergegeben wird. Um diesen Druck, diese Erwartungen an Kinder und Mitmenschen loszuwerden, ist es leichter zu manipulieren und zu konditionieren, als richtig zu erziehen und zu führen. Da „richtig" erziehen und mit Mitarbeitern umgehen mit Freiheit zusammenhängt, geht es hauptsächlich darum, welche Fehler zu vermeiden sind; alles andere kann als richtig gelten.

WERTE ERKENNEN KÖNNEN

Was ich mit meiner Behinderung erreicht habe, was mir meine Eltern und die, die an mich glaubten mitgegeben haben, wie ich also geworden bin, wie selbstverständlich und sicher ich mit mir umzugehen weiß, wie kritisch, aber gleichzeitig ohne Zweifel an meiner Existenz ich mich entwickelt habe, fällt besonders im Vergleich zu anderen Menschen auf. Im Vergleich zu anderen Männern beispielsweise, die in der Akzeptanz ihrer Person weniger Sicherheit gewonnen haben als ich.

Da sitze ich nun in meinem Rollstuhl, als klinischer Psychologe und mit meiner Armprothese und fühle mich gut, so wie ich bin. Mit meiner praktischen Lebenserfahrung und den Theorien der Psychologie bin ich bereit, um Probleme anderer zu erfassen. Mehr noch, nachvollziehen zu können und verstehen zu können, Gutachten zu schreiben, Behandlungen zu empfehlen und Prognosen abzugeben. Innerlich besteht kein Unterschied zwischen mir und meinen Kollegen – seien dies nun Psychologen oder Experten anderer Fachrichtungen, wie zum Beispiel Chirurgen.

Gegenüber von mir in meinem Behandlungszimmer sitzt ein junger Mann; er ist etwas über dreißig, groß, schlank, muskulös, ordentlich gekleidet, frisiert und rasiert. Er geht einem guten Beruf nach und ich frage ihn, worum es geht. Das wisse er auch nicht so genau, sein Körper wäre nicht seine Hauptsorge, auch wenn er keinerlei Körperkontakt ertrage. Er fühle sich nicht wohl, lebe allein, habe aber eine gute Beziehung zu Eltern und Geschwistern. Er fühle, dass er nicht so lebe, wie er könnte, sei sehr schüchtern und wolle dies ändern. Habe noch nie eine Freundin gehabt, weil er ab einem gewissen Punkt eines Gesprächs alles wieder abbreche. Sonst fehle ihm nichts. Er habe viele Fähigkeiten, vor allem bei Computerspielen. Ein auf den ersten Blick zwar schüchterner und introvertierter, aber Großteils unauffälliger Mann. Sichere Haltung, sichere Stimme, das Bewegungsmuster passt zur Persönlichkeit. Er schlägt jedoch kein Thema vor, ihm fällt NICHTS ein, sondern er will gefragt werden.

So sage ich: „Na gut, wenn sie kaum Probleme beschreiben, die sie heutzutage haben, wie ging es ihnen denn, als sie vier Jahre alt waren?"

„Uh, da war ich sehr traurig", erwiderte er. Und weiter: „Meine Eltern mussten viel arbeiten und ich war immer lang im Kindergarten. Einmal glaubte ich, meine Mutter hätte mich vergessen.

Und die Kindergärtnerinnen mochten mich nicht sehr; wahrscheinlich mochten sie mich eh, aber sie versuchten mich zu erziehen und das mochte ich nicht. Zur Strafe durfte ich nicht das spielen, was ich wollte und so spielte ich sehr wenig mit den anderen Kindern. Ansonsten kann ich mich kaum erinnern." Kein Gefühl war bei ihm spürbar, keine weiteren Informationen wurden gegeben.

So fragte ich weiter: „Ach, und wie war es danach, als sie so sechs oder sieben Jahre alt waren?"

„Da erinnere ich mich an zwei Ereignisse: Das Eine war mein erster Selbstmordversuch mit einer zu dünnen Schnur. Ich habe sie mir um den Hals gelegt und bin dann von einem Tisch gesprungen. Die ist gerissen blöderweise. Ich habe dann am Boden gesessen und mir die Schnur abgemacht und geweint. Mein Vater hat mir dann am Abend erklärt, wie die Schnur reißen konnte. Weshalb weiß ich noch heute.

Und das andere Mal war ich fast acht. Da stand ich in der Klasse und wurde von der Lehrerin so lange befragt, bis ich nur mehr weinen konnte. Ich weiß nicht, weshalb ich so geweint habe. Das war alles nicht so schlimm, aber ich konnte nicht mehr aufhören."

Auch mein zweiter Patient an diesem Tag ist zufälligerweise männlich, an die dreißig Jahre und wirkt stark, gut aussehend, gepflegt, geht einem ordentlichen Beruf nach und fühlt sich gar nicht wohl in seine Haut. „Ich bin so aggressiv" sagt er, „ich kann dann nichts mehr tun aber dabei hasse ich Gewalt. Ich habe diese Wut im Bauch ohne wirklichen Grund. Als Kind ist nichts Traumatisches passiert außer dass ich von meiner Mutter immer angeschrien wurde. Manchmal hat sie auch etwas nach mir geworfen. Getroffen hat sie selten aber danach fühlte sie sich schuldig und weinte und kam zu mir."

Zwei Beispiele, die zeigen, dass grundlegende Überlegungen über das Erziehen auch heute sehr aktuell sind.

Wie kann es sein, dass ein so gut gemeinter Bereich im Alltagsleben so schief gehen bzw. so falsch werden kann?

In diesen Belangen können Missverständnisse auf zwei Seiten auftreten – auf Seiten der Eltern und der Kinder. Mit einem Blick in die Kommunikationswissenschaft des Schulz von Thun stellt sich das Problem so dar: Eine Aussage beinhaltet einen Appell, Informationen über sich, die andere Person sowie über eine Sache. Mittlerweise steht fest, dass in menschlichen Beziehungen jegliche Sachinformationen individuell ausgelegt werden können und sich hieraus sowohl Appell, als auch alle anderen Informationen einer Botschaft unklar zeigen. Wenn also ein Mensch weint, so kann er sowohl getröstet als auch in Ruhe gelassen werden wollen – wir müssen fragen, was jemand möchte oder wir wissen dies, wenn wir ihn gut genug kennen. Dieser Appell ist unsichtbar. Spürbar ist er aber. Spätestens seit Entdeckung der Spiegelneurone ist biologisch nachweisbar, dass Gefühle unbewusst weitergegeben werden. Wir spüren also, ob sich jemand wohlfühlt, Angst hat, ob er etwas erwartet und wenn, wie stark dieser Erwartungsdruck ist.

Von der Kommunikationswissenschaft lenke ich jetzt auf die Grundlage der Psychosomatik. Diese lautet, dass wenn es der Seele bzw. dem Verstand nicht gut geht – wenn zum Beispiel Respektlosigkeit entgegengebracht wird oder keine Liebe und Zuneigung geboten wird – so wird dieses Leid über den Körper erfahren. Dieses Leiden kann in Form von Schmerz, Erbrechen, Appetitlosigkeit, Lustlosigkeit, Müdigkeit, Herzrasen, etc. ausgedrückt werden. Diese Symptome stellen also in Bezug auf Kommunikation einen unklaren Appell an die Gesellschaft dar.

Eines der großen Probleme hierbei ist, dass die meisten dieser körperlichen Symptome aber auch auftreten können, wenn die Seele nicht leidet. Hat man etwas Verdorbenes gegessen und man erbricht deshalb, so leidet der Körper ohne Apellfunktion der Seele. Der Appell ist also nicht klar.

Für die Praxis heißt das: Kaum weinen Kinder oder zeigen körperliche Symptome, die auf einen seelischen Schmerz hindeuten, werden Eltern aktiv um dieses Leid zu lindern. Nun gibt es aber auch Babys, die keinen seelischen Leidensdruck haben, alle Liebe der Eltern bekommen und trotzdem weinen. Die sogenannten Schreibabys sind so ein Beispiel. Kaum haben wir so eine Diagnose, können wir uns orientieren und wissen wie wir damit umgehen sollen und was zu unterlassen ist. Die Suche nach einer Antwort auf einen unklaren Appell hat hiermit ein Ende. Kategorien und Diagnosen genauso wie Vorurteile haben einen Vorteil; sie geben Halt in unsicheren Situationen. Besser als Unsicherheit, denn die erzeugt Ungeduld und führt zu Aggression.

Als Psychologe beschäftigt man sich nicht nur mit der Frage nach dem menschlichen Verhalten, sondern auch mit der Frage, was den Menschen antreibt und was ihn zu dem macht, was er ist. Seit der Gründung des Fachs der Psychologie gibt es zwei Extreme Richtungen, innerhalb derer die Frage nach dem menschlichen Verhalten beantwortet werden. Die eine orientiert sich ausschließlich an der Erziehung und an der Umgebung des Kindes. Hierbei zeigen vor allem Studien aus dem letzten Jahrhundert, dass sich Kinder, um die sich viel gekümmert wurde, die geliebt wurden, geachtet wurden und gefördert wurden, gut entwickelt haben. Eines der extremsten Beispiele hierfür brachte René Spitz in den Vierzigerjahren. Er untersuchte zwei Arten von so genannten armen Kindern. Die eine Gruppe wuchs ihm Waisenhaus auf, blieb Großteils ohne soziale Kontakte, zwar sauber und ernährt, jedoch ohne viel Liebe und komplett ohne Liebe und Kontakt zu den Eltern. Die zweite Gruppe wuchs ebenfalls in einem Heim auf, jedoch in unmittelbarer Nähe der Mutter die im Gefängnis war. Diese Mütter durften täglich für eine gewisse Zeit zu ihren Kindern. Es zeigte sich, dass jene Kinder sich wesentlich besser entwickelten, die Kontakt zu ihren Müttern hatten. Die Bedeutung von Erziehung, von Eltern, von Liebe und Zuneigung war hiermit wissenschaftlich bewiesen.

ENTWICKLUNG ZULASSEN

Ich starte mit einem Zitat von Lessing über die Erziehung: „Erziehung ist Offenbarung, die dem einzeln Menschen geschieht: und Offenbarung ist Erziehung, die dem Menschengeschlechte geschehen ist, und noch geschieht". Er schreibt weiter: „Erziehung gibt dem Menschen nichts, was er nicht auch aus sich selbst haben könnte: sie gibt ihm das, was er aus sich selber haben könnte, nur geschwinder und leichter."

Die Überlegungen zur Erziehung zeigen, dass Wissen, Erkenntnis und Wissenschaft eine große Bedeutung haben bei dem Prozess der Bildung zu einem guten Leben. Die Einführung der Schulpflicht allein hat gezeigt, dass Bildung nicht ausschließlich bedeutet viel zu wissen. Erziehen bedeutet viel mehr als Wissen zu vermitteln. Es bedeutet, dass Menschen etwas weitergeben, etwas, das durch Wissen ausgedrückt, jedoch nicht vollkommen verstanden wird. Einfach gesagt, erfolgt Erziehung immer noch in Form von unmittelbaren Strafen und Belohnungen. Das Ziel der Erziehung hat sich jedoch im Laufe unsere Geschichte gewandelt. Während früher im katholischen Glauben das Paradies das Ziel unseres Lebens zu sein schien, so ist es heute ein glückliches und erfülltes Leben. In meinem ersten Buch habe ich die Frage gestellt, wie viel Körper braucht der Mensch. In Bezug auf Glück und die Erreichung eines Ziels stellt sich diese Frage nicht nur auf den Körper des Individuums, sondern auch auf die Integration in die Gesellschaft bezogen. D.h. Wie verhält sich mein Kind in der Gesellschaft? Wie kann es sich integrieren? Wie kann ich als eifriger Pädagoge das Verhalten meines Kindes so beeinflussen, dass ich in der Gesellschaft stolz darauf sein kann? Muss ich stolz auf mein Kind sein? Wie muss mein Kind sein, damit ich vor anderen stolz darauf sein kann? Meine persönliche Geschichte hat mir gezeigt, dass ich von meinen Eltern akzeptiert und geschätzt wurde, so wie ich war. Das klingt hier sehr einfach, war es aber nicht. Diese Selbstverständlichkeit, einen Körper in die Gesellschaft zu integrieren, der komplett anders ist als die meisten anderen Körper, ist mir erst weit später bewusst geworden. Ein eitler Pädagoge hätte mit mir wenig prahlen können. Ich war oft schmutzig, weil ich viel auf dem Boden war. Ich lernte rasch, dass ich auch mit wenig Leistungsdruck den schulischen Anforderungen gewachsen war. All das schreibt sich heute so leicht, denn für mich war es selbstverständlich so gemocht und angenommen zu werden, wie ich war. Erst als ich erwachsen war, habe ich erkannt, dass dieses angenommen werden wichtig war. Erst dann habe ich verstanden, welche Auswirkungen es für die Entwicklung der menschlichen Seele hat, wenn man nicht als der geschätzt wird, der man ist. Mit weniger Selbstsicherheit im Verstand als auch im Gefühl wird man in eine Rolle hineingedrängt. Der einzige Vorteil meiner Behinderung scheint mir, ist die Tatsache, dass ich nicht in eine Rolle hineingedrängt werden konnte. Dies erlaubte mir, mich als der zu entwickeln, der ich war. Mit all den Dummheiten, mit all den Gefahren, aber auch mit all der Disziplin, die es bedarf ein denkender Mensch zu werden.

Im Nachhinein klingt das alles selbstverständlich und logisch. Das wissenschaftliche Denken von heute konzentriert sich wesentlich mehr auf die Logik als jenes von damals. Alles was getan wird, braucht einen Grund einen logischen Grund, braucht eine Bestätigung, eine Bestätigung seitens der Biologie, seitens der Neurologie, seitens der Psychologie. Seitens der Theologie viel seltener als damals. Die Menschlichkeit als ausreichender Grund hat es heutzutage viel schwerer. Um etwas zu fordern oder etwas als richtig darzustellen, braucht es einen Beweis.

Dieser Beweis kann aber gerade, wenn es um Erziehung geht, erst im Nachhinein erbracht werden. Erst wenn sich herausstellt: Ja, das war doch gut, kann darüber nachgedacht werden, etwas einzuführen. Als Psychologe steht man vor der großen Schwierigkeit, dass Gefühle und Emotionen in unserer Gesellschaft als menschliche Schwachstellen betrachtet werden. Eine Entscheidung aus dem Bauch heraus erscheint somit, weil nicht logisch, weil nicht wissenschaftlich, als nicht empfehlenswert. Zumindest die Logik schließt diese Entscheidungen aus. Wenn es um Erziehung geht, sind diese Fragen jedoch essenziell: Wie fördere ich mein Kind? Wohin soll ich es sich entwickeln lassen? Soll es Klavier spielen lernen? Soll es malen? Was darf es alles spielen? Diese Fragen Können am besten beantwortet werden, wenn drei wissenschaftliche Richtungen miteinander kooperieren: die Biologie, beziehungsweise Neurologie oder Medizin, die Psychologie sowie die Philosophie. Es ist wichtig zu wissen, was der menschliche Körper braucht. Was ihm guttut und was ihm schadet. Es wäre falsch zu sagen, ein Kind solle ausschließlich essen, was ihm schmeckt. Ein Kind muss alles kennenlernen, um zu beurteilen, was ihm schmeckt. Die Eltern müssen beobachten, was ihm guttut und was nicht. Die wissenschaftlichen Komponenten der Biologie, Neurologie und Medizin müssen beachtet werden, um dem Körper nicht zu schaden. Die psychologische Komponente muss beachtet werden, um Gefühle zu entwickeln, die zur Selbsterkenntnis führen und uns ermöglichen, auch mal Paroli zu bieten. Die philosophische Ebene muss berücksichtigt werden, um dem Ziel der Erziehung einen tieferen Sinn zu verleihen und diesen weiterzugeben. Der Sinn von Erkenntnis, Kunst, Wissenschaft etc. kann erst mit Abschluss der Erziehung erfasst werden. Erst später kann ein Mensch erkennen, ob und welche Idee bei seiner Erziehung verfolgt wurde.

Diese Frage ist besonders dann von Bedeutung, wenn einem Kind alles geboten wird. Nach welchem Leben wird es dann streben? Wird es sich Mühe geben, etwas zu lernen? Wird es sich Mühe geben, etwas zu erreichen? Wird es sich Mühe geben, beispielsweise ein Instrument zu lernen oder hart zu arbeiten? Wenn einem Kind alles geboten wird, läuft man dann Gefahr Sinnlosigkeit und Langweiligkeit zu vermitteln? Wie vermittelt man Streben, Pflichtbewusstsein? Wie lernt man zu erkennen, dass man etwas tun muss? Nicht nur weil man will und gerade Lust dazu hat, sondern weil man spürt, dass das notwendig ist? Die Frage ist also, wofür gehe ich arbeiten? Wofür gehe ich abends aus? Wofür stehe ich in der Früh auf?

Als Psychologe wird die Frage des Erziehens oder des Anleitens meistens dann von großer Bedeutung, wenn es Menschen schlecht geht. Besonders deutlich wird in dem Buch „Der Preis der Privilegien" von Madeline Levine (2008), dass Kindern denen zahlreiche Anstrengungen abgenommen und alles notwendige gekauft wurde, an einer gewissen Sinnlosigkeit und Antriebslosigkeit im Leben leiden. Kinder müssen lernen zu spielen. Im Spiel entwickeln und erkunden sie ihr Interesse, lernen sich daran zu freuen, lernen mit Schwierigkeiten umzugehen und lernen durchzuhalten. Spieltheorien erklären sehr genau, ab wann und bis wann eine Beschäftigung als Spiel bezeichnet werden kann. Ich will kurz erläutern welche Elemente für eine Beschäftigung notwendig sind, um als Spiel bezeichnet werden zu können. Dieser inhaltliche Ausflug ist notwendig, da wir Psychologen wissen, was passiert, wenn Kinder nicht spielen können. Wie das helfen soll, will ich anhand meiner eigenen Erfahrungen mit Spiel ebenfalls darstellen.

Es ist mir wichtig, in der Erziehung und im Anleiten oder Führen auf den Unterschied zwischen Haben und Sein hinzuweisen. So habe ich bei einem Besuch im Winter in den Alpen folgende Beobachtung gemacht: Mütter und Väter bringen ihre Kinder zum angeleiteten Skikurs. Dort werden sie von zwei bis drei Betreuerinnen in Empfang genommen und ihnen wird gezeigt, wie man sich auf Skiern bewegt und wie man einen Berg hinunterfährt. Jedes Kind wird auf Skier gestellt, wird hinaufgezogen und darf hinunterfahren. Es wird erklärt, wie man im Pflug fährt und wie im Schuss. So verlief das einen Vormittag lang – hinauf, hinunter.

Ein Elternteil schaute für gewöhnlich zu, der zweite nahm seine Ski und ging selbst den Berg hinauf Skifahren.

Dieses Beispiel habe ich gewählt, um zu zeigen, wie ein Erlebnis konsumiert werden kann. Das Wort Konsum wähle ich an dieser Stelle bewusst, da bei diesem Beispiel das spielerische Verhalten fehlte. Keine Anstrengung, keine Kälte, kein links oder rechts Blicken, kein Staunen, zumindest kein sichtbares. So eine Skischule ist keinesfalls schlecht und mit Sicherheit nicht billig, ist jedoch für die Entwicklung des Kindes nicht genug. Nicht genug, weil scheinbar eine

Leere bleibt, eine Situation, in der der Eigenantrieb für diese Zeit abgestellt wird.

Als Vater von vier Kindern weiß ich sehr wohl, dass die Beschäftigung mit Kindern immer mit Konflikten einhergeht und dass ein Schwimm- oder Skikurs sehr willkommen ist, um die kindlichen Energien aufzufangen. Kinder müssen jedoch lernen selbst herauszufinden, was sie möchten und was nicht. Energien von Langeweile und von Aggression werden vollkommen unterschlagen, da sie mit negativen Gefühlen verbunden sind. Das Ziel der Erziehung soll es aber sein, sich mit jeder Art von Gefühlen auseinandersetzen zu können, um dann frei entscheiden zu können, was man tun möchte und was nicht.

ROLLE – FUNKTION – PERSON

Der Übergang zum Führen meines Lebens oder auch zum Leiten eines Teams, eines Patienten oder eines Geschäftes erfolgt fließend. Im kindlichen Spiel lernen wir neben Fertigkeiten und Fähigkeiten auch den Unterschied von diversen Rollen und Funktionen, in die wir im Alltag schlüpfen können, beziehungsweise die wir annehmen können. Ist es jemandem nicht möglich, sich aufgrund seiner Persönlichkeit durchzusetzen, so schaffen wir es viel leichter in diversen Rollen und Funktionen. Kann ich also jemandem nicht mitteilen, was er weshalb zu tun hat, so sage ich es ihm zum Beispiel in einem Rollenspiel. Ein Patient glaubt einem Arzt viel eher, dass er nicht rauchen soll, als beispielsweise der eigenen Ehefrau. Auch was man essen soll, wie man abnehmen soll und so weiter. Die große Schwierigkeit beim Führen von Menschen besteht darin, dass die Berücksichtigung der Menschlichkeit aufgrund der Erfüllung einer Rolle ausgeschaltet werden kann. Dies gelingt dadurch, dass man in einer Rolle als Vorgesetzter nicht dasselbe Ausmaß an Mitgefühl aufbringen muss, wie in der Rolle als Freund.

Erziehung und Führen hat damit zu tun, die eigenen Ideen und Vorstellungen Kindern, Patienten, Klienten oder Mitarbeitern zu vermitteln. Für Handlungen, die diesen eigenen Ideen entsprechen wird man gewürdigt, respektiert, geliebt und unterstützt. Für Handlungen die diesen eigenen Ideen widersprechen wird man missachtet, bestraft, weniger respektvoll behandelt, weniger unterstützt und dahingehend nicht gefördert.

Der Mensch lernt anhand von Gefühlen, was als richtig und was als falsch angesehen wird. Diese Gefühle werden auf unterschiedliche Art und Weise vermittelt. In westlich orientierten Industrieländern ist körperliche Züchtigung in Form von Schlägen etc. von Kindern verboten. Dennoch werden Kinder bestraft – durch Wörter anhand unmissverständlich scharfer Betonung. Diese Strafen tun in gewisser Weise auch weh, der Seele eben. Aber auch dieses Leid wird wie ein Schlag im Körper erfahren. Die Reaktionen von Kindern sind beinahe ident, nur, dass eben kein roter oder blauer Fleck den Kindeskörper bedeckt. Das Leiden der Seele hat noch einen anderen Aspekt. Menschen merken, ob sie trotz Maßregelung respektiert und geachtet werden. Der Unterschied zwischen ungeliebter Handlung und ungeliebter Seele ist spürbar. Aus psychologischer Sicht ist es deshalb notwendig, Kindern eine Art Grenze oder innere Mauer zu bieten. Nicht um sie daran abprallen zu lassen, sondern damit sie sich anlehnen können. Es ist also nicht die Rolle entscheidend, um Werte zu vermitteln und Leistungen zu verlangen, sondern vielmehr die Fähigkeit, sich dem anderen gegenüber so zu verhalten, dass eine akzeptierende Reaktion folgt.

GLÜCK UND EMPATHIE

Neben einem gesunden Selbstwert und dem Mut zu scheitern zähle ich die Empathie, das Einfühlungsvermögen, zu jenen Fähigkeiten, die ein gutes Leben ausmachen. Auch wenn das sogenannte Einfühlungsvermögen von Natur aus uns Menschen gegeben ist, so müssen wir es doch entwickeln, täglich pflegen und lernen damit umzugehen. Dieser Entwicklungsprozess beginnt im Kindesalter. Er betrifft aber besonders auch Menschen, die auf andere angewiesen sind.

Mitgefühl zu zeigen, heißt nicht diesem immer entsprechen zu müssen, sondern lediglich dieses ernst zu nehmen. Und mit Rücksicht darauf zu erklären, weshalb etwas trotzdem getan oder unterlassen werden soll. Hierfür braucht es den Blick für das, was wesentlich im Leben ist. Das betrifft sowohl die eigene Befindlichkeit, als auch die Gefühle der anderen. Das bedeutet, dass man lernen muss, was einem wichtig ist, was weniger wichtig ist, was anderen Menschen wichtig ist, was eingefordert werden kann und worauf verzichtet werden soll.

Und wer bestimmt, worauf es ankommt? Der wissende Mensch. Und wer sagt, was kränkend ist oder nicht? Der betroffene Mensch. Wie oft sagt ein Mensch zu einem anderen, das ist doch nicht schlimm? So musst du das nicht verstehen! Was, das regt Dich auf? Worauf es jemanden wirklich ankommt oder nicht, wird nur anhand von Kleinigkeiten sichtbar.

Anhand vieler kleiner Sätze werden große Gefühle zunichte gemacht, eigene Bedürfnisse komplett ignoriert und respektlos behandelt. „Das war aber jetzt nicht so schlimm" ist ein typisches Beispiel dafür, wie das, was jemandem wichtig ist, von außen unwichtig gemacht wird. Denn für jeden ist bis zu einem gewissen Grad etwas anderes wichtig. Für jeden kommt es im Leben auf etwas anderes an. Worauf es ankommt oder nicht, was man für wichtig hält oder nicht, was jemand mag oder nicht mag, das muss für den Verstand nicht immer logisch erscheinen. Damit wird man auf dieser Ebene vor seinem Gegenüber angreifbar. Mächtige Gefühle, wie zum Beispiel Scham, Schuld, Unsicherheit, sich klein fühlen, oder auch als Verlierer dazustehen, sind damit verbunden zu zeigen, worauf es jemandem ankommt.

Zu lernen worauf es ankommt, bedeutet also sowohl sich selbst zu erkennen zu geben, als auch dem anderen zu zeigen, dass man ihn erkennt und respektiert. Gerade bei Kindern ist es nicht immer möglich, das worauf es ankommt, auch zu verwirklichen. Man kann nicht immer auf die Wünsche und Forderungen von Kindern eingehen. Wichtig ist jedoch zu erkennen, worauf es Kindern ankommt. Ginge man immer auf diese Forderungen ein, würde aus diesen Bedürfnissen eine Art Zwang und Druck entstehen. Auch Eltern müssen das berücksichtigen, worauf sie Wert legen. Zu zeigen worauf es ankommt, heißt also immer auch zu riskieren, dass man zwar erkannt, aber nicht in seinen Bedürfnissen befriedigt wird. Eine bittere Erfahrung. Und genau das ist es, was man lernen muss: Zu sagen, worauf man wert legt und zu riskieren nicht respektiert, falsch interpretiert und kritisiert zu werden. Es ist nämlich wichtig, trotz dieses Risikos auf sich selbst zu achten. Um Konflikte zu vermeiden, bevorzugen manche Menschen es, ihre eigenen Bedürfnisse zu vergessen oder diese in den Hintergrund zu stellen. Dies ist eine löbliche Tat, die aber auf Dauer enorme negative Auswirkungen auf unser Wohlbefinden und auf unsere Gesundheit hat. Und zwar sowohl auf das eigene Wohlbefinden, als auch auf das Wohlbefinden des Partners, beziehungsweise des Gegenübers. Lernt man nicht, worauf es ankommt, will man das übersehen oder dem Partner zuliebe nicht zeigen, so macht man sich zum Op-

fer und ohne dass man es will, den anderen zum
Täter. Man sieht also, ob jemand auf sich achten
kann oder nicht, man sieht, was er von sich und
anderen hält und denkt. Empathie ist die entschei-
dende Orientierungshilfe neben dem Wissen,
wenn es darum geht zu erkennen, was wichtig ist.
Dieses sogenannte Lernen worauf es ankommt,
ist sowohl mit dem Haben als auch mit dem Sein
und damit mit den Werten in unserer Gesellschaft
verbunden. Kinder lernen sehr schnell, was sie
haben müssen, um vor ihren Spielkameraden Geschwistern und Freunden gut dazustehen. Sie lernen aber auch sehr schnell, dass das worauf man
stolz ist, auch etwas ist, worauf es ankommt. Das
heißt Elemente des Seins müssen nicht durch das
Haben kompensiert werden. Wesentlich ist, dass
man lernt zu dem, worauf es ankommt, zu stehen.
Hierauf Wert zu legen und hierauf stolz zu sein.
Hierauf aber auch verzichten zu können, falls es
die Umstände nicht erlauben.

WACHSEN DURCH LEID

Leiden ermöglicht es einem Menschen, die Welt
aus einer anderen Perspektive zu sehen. Aus einer härteren, unmenschlicheren, unverstande-

nen und gleichzeitig aus einer Perspektive, aus der man erkennen kann, was wichtig ist im Leben. Doch Leiden kann nur bestenfalls eine Erkenntnis ermöglichen. Sonst würde es genügen, Menschen kurz zu quälen und ihnen hierdurch Wissen und Erkenntnisse zu vermitteln. Meistens verbittert Leid, verschließt das Herz eines Menschen, lässt ihn Interesse und Freude am Leben verlieren. Und genau diese Umstände lassen mich darauf hinweisen, dass Ärzte und Psychologen noch einmal genau betrachten müssen, welcher Teil eines Menschen leidet, wenn man ihm Schmerz und anderes seelisches Leid zufügt. Es ist wichtig noch genauer zu überlegen, welcher Teil eines Menschen leidet, wenn es um Maßregelung geht. Was leidet wirklich, die Seele oder der Körper eines Menschen? Es leiden immer der Körper und die Seele, die sich ohne Körper nicht ausdrücken kann. Die großen Weltreligionen gehen davon aus, dass nach dem Tod entweder weiter gelitten wird (im Katholizismus in Form von Fegefeuer und anschließend Hölle) oder dass das Leiden dann ein Ende hat (im Himmel zum Beispiel). Wissenschaftler ohne Gauben an diese Religionen sind der Meinung, dass nach dem Tode das Leiden ein Ende hat. So auch zum Beispiel der Schriftsteller und Nobelpreisträger von 1911 Maurice Maeterlinck in seinem Buch „La mort" (1913). Wenn das Leiden an den Körper gebunden ist, bestehend Großteils aus Wasser und Eiweiß, dann müssten auch diese Moleküle leiden, wenn sie nicht an den Körper gebunden sind. Ich kenne keinen Biologen, Physiker oder Chemiker, der einen Leidensprozess an Molekülen, einzelnen Zellen oder Eiweißen beschreibt.

Auf Basis dieser Überlegungen möchte ich nun davon ausgehen, dass der Leidensprozess dem Menschen eine Erkenntnis bringen kann. Das Leiden steht nämlich mit dem Sinn des Lebens in Verbindung. Damit werden Schmerz und Krankheit nicht nur zu einer üblen Laune der Natur, sondern zu einer Sonderform der Sprache, der Kommunikation.

Ein Arzt überlegt wie eine Krankheit entsteht und wie diese geheilt werden kann. Ein Patient denkt zusätzlich, weshalb er diese Krankheit bekommt, welchen Sinn, welche Strafe oder welches Schicksal damit verbunden sein könnte. Mit einer Behinderung sind die Fragen ähnlich. Wieso ich? Kann ich durch meinen Lebensstil mein Schicksal ändern oder erleichtern? Welchen Sinn kann eine Krankheit haben? Fragen, die schwierig bis gar nicht zu beantworten sind auf einer naturwissenschaftlichen Ebene. Außer man glaubt, dass das Leben einen Sinn haben muss, eine Aufgabe wie zum Beispiel jene der Selbstdarstellung, der Erkenntnis. Welche Erkenntnis kann Krankheit und Behinderung nun bringen?

Man sieht plötzlich nicht nur sich selbst, sondern viel mehr das Wesen anderer Menschen. Man erkennt die Werte anderer Menschen, was sie mögen, was sie respektieren, was in ihrem Leben zählt und was nicht. Und man sieht plötzlich nicht nur, was zählt im Leben des anderen, sondern ob dieser ein großes Problem hat mit sich selbst oder ein kleines Problem, ob derjenige einen hohen oder niedrigen Selbstwert hat. Die Wertewelt der Gesellschaft kann man plötzlich – und oft nur für einen kurzen Moment – infrage stellen. Das Krankenhaus, das Rehabilitationszentrum oder der Kuraufenthalt sind somit kurze Zonen des „Leos" der gesellschaftlichen Werte.

Im Leiden erkennt man also – im Leiden der Seele und im Leiden des Körpers. Ein Erkennen ist meist ein unangenehmer Prozess. Zu erkennen beispielsweise, dass man schwach ist, krank ist, und im Rollstuhl sitzen muss, ist sicher unangenehm. Was jedoch erkennt jemand, der sich zu dick fühlt, zu unförmig, zu hässlich? Er oder sie erkennt sich als wertlos. Er oder sie glaubt nur, sich als wertlos zu erkennen, denn er oder sie macht sich hierdurch wertlos. Macht sich wertlos durch den Gedanken, nicht zu genügen oder zu viel zu sein. Eine wenig aufrechte Körperhaltung wird diesem Gedanken folgen, ebenso wie kein Interesse daran auszugehen und Freude zu haben. Und was beispielsweise tut jemandem weh, der von seiner großen Liebe betrogen und verlassen wurde? Das Herz rast und sticht, der Atem stockt, der Magen krampft. Die Erkenntnis allein zu sein, betrogen und verlassen zu sein, die tut körperlich weh, ein großer Schmerz, der dieselbe Verbitterung auslösen kann, wie die Diagnose einer unheilbaren Krankheit.

Wie gesagt, seit dem Jahr 2000 arbeite ich als Psychologe. Diesen Beruf kann ich auch in einem Rollstuhl sitzend optimal ausführen, denn schwere körperliche Tätigkeiten fallen hier nicht an. So weit in diesem Beruf davon gesprochen werden kann, führe ich Patienten oder Klienten durch ihre Sorgen, diagnostiziere und begleite sie bei ihren Problemen und Krankheiten. Außerdem bin ich verheiratet und ziehe gemeinsam mit meiner Frau unsere Kinder groß.

Einen anderen Menschen bei seinen Sorgen und Schwierigkeiten zu begleiten und zu unterstützen, oder gar zu beraten funktioniert dann am ehesten, wenn ich selbst diese Probleme des Alltags besprechen oder gar lösen kann. Ich muss mir meiner also bewusst sein. Schaffe ich mein eigenes Leben nicht, wird es schwierig anderen dabei zu helfen, sich selbst zu verstehen. Geht es mir schlecht Tag ein Tag aus, so werden mir Patienten nicht mehr glauben, dass Probleme lösbar sind.

FÜHREN DURCH VORBILDWIRKUNG

Jeder Mensch ist bis zu einem gewissen Grad auf das Wissen und Können anderer Menschen angewiesen. Dieses Wissen und Können, zu dem wir keinen Bezug haben, außer diesem einen Menschen, der darüber verfügt, wird uns durch die Beziehung zu diesem Menschen (das Gefühl von Freude und Stolz oder Abneigung und Verachtung) nähergebracht. Diesen Menschen, die in bestimmten Lebensbereichen viel wissen, können wir vertrauen. Das Vertrauen ist oftmals nicht auf das Fachwissen beschränkt, sondern erstreckt sich über mehrere Lebensbereiche. Diese Vorbildwirkung ergibt sich idealerweise aufgrund von spezieller Fähigkeit, kann jedoch auch mit der Führungsposition eines Menschen in Verbindung stehen. Ein Arzt oder Psychologe gilt damit auch als Hoffnungsträger und Ratgeber. In der Gesellschaft stehen Menschen oft alleine da, auch wenn eine ganze Abteilung, ein Konzern oder eine Nation offiziell hinter ihnen steht.

Vorbildwirkung haben in den ersten Lebensjahren die Eltern und Familienangehörige. In weiterer Linie Freunde und Peergroups, anschließend Sportler, Musiker, Künstler und im erwachsenen Alter Wissenschaftler, Politiker und herausragende Persönlichkeiten.

Wenn derjenige, der über mehr Wissen verfügt, automatisch ein besseres Leben führen könnte als der weniger Wissende, wäre die Überlegung inwieweit seelische Bedürfnisse eine Rolle spielen hinfällig. Wie mit Wissen und damit Macht umgegangen wird, ist immer noch eine Frage der Menschlichkeit. Jeder Wissende hat die Verantwortung dafür, was mit diesem Wissen passiert.

Durch Lernen und Erfahrung wird Wissen erworben. Wissen ermöglicht berufliche Positionen die mit Verantwortung für einen Betrieb oder eine Universität und mit Verantwortung für Mitarbeiter verbunden sind. Wissen bringt Kompetenz in einem bestimmten Fachgebiet. Führen ist mit Kompetenz nur indirekt verbunden. Nämlich damit, dass Kompetenz das Streben nach einem Ziel ermöglicht. Man lernt also, wo und wann welche Arbeit getan werden muss und wo nicht. Dies gibt vor, was wann, wie zu tun ist. Wenn mit Wissen Kompetenz unmittelbar verbunden ist, dann ist es auch Macht. Denn der Wissende muss angeben, welcher Schritt als nächster getan werden muss. Macht ist mit bestimmten Positionen verbunden und wird eingesetzt, wenn es um das Erreichen eines Zieles geht. Jeder von uns der ein Ziel vor Augen hat, läuft Gefahr wesentliche Dinge im Leben zu übersehen und zu ignorieren. Und was wirklich wesentlich ist, das liegt im Verborgenen und muss riskiert werden. Eine gute Führungskraft muss bereit sein, auch Nebenerscheinungen und Folgen von Handlungen zu tragen, die zur Erreichung eines Zieles beitragen.

An Beispielen der Vergangenheit wird erkennbar, dass Anleiten und Führen eine Kombination aus Wissen und Philosophie ist. Ich denke an meine eigene Kindheit und an die Krankenhausstation, in der ich behandelt wurde. Professor Marquardt hat sich immer dafür eingesetzt, dass die Kinder in seiner Abteilung möglichst frei sein sollten. Er hat als Arzt damit auch bestimmt wie die Einschränkungen vor und nach Operationen waren. Wann ich zum Beispiel wieder das Schwimmbad benutzen durfte, ab wann ich nach der OP wieder in den Garten durfte und so weiter. Eines Tages, ich war elf oder zwölf Jahre alt, kamen ein Mitpatient und ich auf die Idee, ein Go-Kart-Tretauto an meinen Rollstuhl anzubinden. So konnte ich ihn durch den Garten ziehen, denn er konnte nicht treten aufgrund eines Spreizgipses an den Beinen. Er saß hinter dem Rollstuhl im Go-Kart, ein Bein ragte eingegipst und ausgestreckt über den Seitenrand des Go-Karts hinaus. Wir fuhren beinahe den ganzen Nachmittag immer dieselbe Strecke durch den Garten. Ein großer Kreis neben einer Hecke, zwischen zwei großen Bäumen hindurch, zurück zum Anfang der Hecke. Immer schneller, immer geübter, bis plötzlich die Baumdurchfahrt zu eng wurde und der abstehende Fuß mit einem lauten Krach brach. Wenig Blut, großer Aufschrei, ein kleiner aber offener Bruch, alle rannten herbei, packten ihn und brachten ihn fort. In den OP dachte ich (so war es dann auch), fragen wollte ich nicht. Sprechen wollte ich da mit niemandem. Ich fuhr verlegen weiter durch den Garten der mittlerweile leer war, die Schnur hing noch am Rollstuhl. Dann kam der Leiter der Abteilung mit ernster Miene. Natürlich hatte ich Angst und fühlte mich beschämt. Er sah die Schnur und montierte sie vom Rollstuhl ab, meinte die wolle er da nicht mehr sehen, dem Jungen ginge es gut, das Bein wäre wieder in Ordnung und ich könne für ihn beten. Kein Schimpfen, kein Klein-machen, kein Ermahnen oder Bestrafen. Das Ereignis und die Schuld waren Strafe genug. Ich habe den Unfall öfters mit einer Krankenschwester besprochen, aber auch da wurde ich nicht geschimpft oder runtergemacht. Ich war erst vierzehn Tage an der Station während der Bub bald entlassen werden sollte. Ich musste noch weitere sieben Wochen bleiben und wurde sogar vor ihm entlassen.

Ein Beispiel das zeigen soll, wie wesentlich die Einstellung und die Philosophie hinter dem Wissen ist. Jemand, der eine gute Idee vertritt muss niemanden klein machen und anschreien, nur weil die Gefahr besteht für etwas kritisiert zu werden und für einen Unfall eine Idee aufgeben zu müssen. Die Idee des Spielplatzes sowie aller Kinder-Fahrzeuge dort war genial. Das Risiko, dass etwas passieren konnte wahrscheinlich von Anfang an vorhanden. Trotz des unangenehmen Ereignisses konnte die Idee und Philosophie der

Station beibehalten werden. Es waren immerhin die Sommerferien die viele Kinder dort verbrachten. Gesunde Kinder verletzen sich halt außerhalb des Krankenhauses. Und viele kamen so wie ich, um Behandlungen zu bekommen, die zu mehr Bewegungsfreiheit und Selbstständigkeit führte und weniger aufgrund vitaler Indikationen.

Was durch Lernen und der Anhäufung von Wissen nicht vermittelt wird, ist Bildung und Autorität. Nur eine Autoritätsperson, als Persönlichkeit die aufgrund der Lebenseinstellung ihr Wissen spürbar und glaubhaft vermitteln kann, ist imstande die Verantwortung für Fehler zu tragen. Das macht Fehler nicht besser, aber es entsteht ein Umfeld, in dem Fehler passieren dürfen. Ein Leben als Patient, Klient, oder Arzt und Jurist, in dem bei jedem Fehler die eigene Existenz gefährdet ist, bietet keine Entfaltungsmöglichkeit.

Nicht jeder, der viel weiß, strahlt automatisch Autorität aus oder wirkt gebildet. Die Anhäufung von Wissen, beispielsweise durch ein Studium, bedeutet nicht auch mit Ende des Studiums, ein glückliches Leben führen zu können. Für ein glückliches, sinnerfülltes Leben muss man sich eine Lebenseinstellung aneignen. Durch die Lebenseinstellung wird das Wissen und Führungsziel spürbar. Eine negative Lebenseinstellung oder eine fehlende Einstellung spürt man als Patient, Mitarbeiter oder Kollege. Die Frage nach Führungseigenschaften und Lebenseinstellung oder auch Lebensstil muss sich somit jeder stellen. Denn jeder führt ein Leben. Bezugnehmend auf mein Beispiel – keiner hat mit mir geschimpft, weder Arzt noch Schwester. Jeder hat also eine Lebenseinstellung annehmen können, die frei, tolerant und gut war.

Je mehr Macht eine gesellschaftliche oder berufliche Position mit sich bringt, umso dringender erscheint es jedoch, sich mit dieser Frage auseinanderzusetzen. Für Berufe, die mit Macht besetzt sind, wirkt das selbstverständlich – das Führen können. Für Menschen, die eine Familie gründen, krank, behindert, schwach und alt werden, kommt die Frage nach einem selbstständigen Leben erst langsam.

Kann ich überhaupt ein Kind erziehen? Wenn ich keine Windeln wechseln, keine Flasche machen kann, keine … und wie jeder Mann, gebe ich keine Milch und verbringe viel Zeit in der Arbeit. Braucht es das wachsame Auge einer Mutter oder die starke Hand des Vaters, um ein Kind zu erziehen? Können Werte nur durch Erziehung vermittelt werden? Kommt es auf den Erziehungsstil an oder gibt es in uns eine andere treibende Kraft, die uns erzieht? Ist man auch ohne Erziehungskonzept eine gute Mutter/Vater?

Wenn man den Konzepten von Biologen, Neurologen und Psychologen glauben kann so strebt jeder Mensch nach Kooperation und Anerkennung. Allein dieses Bedürfnis wirkt erzieherisch – in uns allen. Zumindest bei denen von denen wir Anerkennung und Verständnis erhoffen und erwarten. Bei Kindern fällt dieses erzieherische Bedürfnis vor allem aufgrund der Angewiesenheit auf Liebe und Zuwendung besonders auf. Und Liebe, die kann ich geben. Körperkontakt, Zuwendung, Lieder singen, Geschichten erzählen: all das geht. Auf meine Weise, solange mit Hilfe bis die Kinder klettern können. Dann kommen sie von allein zu mir, suchen die Nähe und den Kontakt.

Auch wenn jede Mutter und jeder Vater nach neuen wissenschaftlichen Erkenntnissen zur Erziehung suchen, der Frage nach der bestmöglichen Förderung, die der sogenannten Natur des

Kindes oder Menschen entspricht, so darf doch die Frage nach dem Sinn des Lebens nicht komplett außer Acht gelassen werden. Die Kriege der Vergangenheit und auch jene der Gegenwart sind sowohl durch das Streben nach Freiheit, als auch durch religiöse Motive gekennzeichnet. Die drei großen vorherrschenden Weltreligionen vollkommen auszublenden und die Frage nach einer Göttlichkeit aus der kindlichen Erziehung vollkommen zu ignorieren, wäre unmenschlich. Der Mensch muss hoffen und an etwas glauben.

In der kindlichen Phase des Philosophierens beginnen Kinder zu überlegen, woher der Mensch kommt, wozu er lebt und wohin er nach dem Tod geht. Fragen, die beantwortet werden wollen. Die Religion hat hierfür Antworten bereit. Ob nachweisbar oder nicht sei dahingestellt. Werden die kindlichen Fragen nicht von Religionen beantwortet, finden Kinder ihre Antwort in Filmen über Märchen, Zauberei, Sagen, Schicksale von Königen etc. Es werden Antworten geboten.

EIN GUTES LEBEN DURCH LEISTUNG

Es war die ersten Jahre meines Lebens gar nicht sicher, ob ich jemals einer geregelten Arbeit nachgehen würde können. Was ich können würde, was nicht, ob ich für etwas Talent hätte oder nicht. Dieselben Sorgen wie bei gesunden Babys, nur dass meine körperlichen Eigenheiten zahlreiche Berufsvorstellungen von Anfang an zunichte machten. „Irgendwie wird er sich schon im Leben über Wasser halten können" oder die Vorstellung „zur Not kann er Kohlen schleppen", die war zerstört. Kein Plan B, kein irgendetwas wird er schon finden. Eine Karriere im Krankenhaus war anfangs nur auf Seite der Patienten vorstellbar. Mit Sicherheit auch wichtig, aber nicht das Einzige, was Eltern ihren Kindern wünschen. Es stellt sich mit einer Behinderung schon die Frage, was kann ich wirklich leisten, wie lange kann ich das und lohnt sich das? Lohnen nicht geldmäßig, sondern vom Aufwand her. Lohnt es sich also mir jeden Morgen zu helfen, damit ich in die Arbeit komme? Mir dort einen Rollstuhl und eine Assistentin zur Verfügung zu stellen? Lohnt sich das Arbeiten, das auch bei geistiger Arbeit alle Hilfsmittel mindestens doppelt so schnell abgenützt werden und dadurch viel Geld kosten? Viel Geld und viel Mühe – denn zur Reparatur und Anpassung von Hilfsmitteln muss ich ja auch selbst hinfahren und in den diversen Werkstätten viel Zeit verbringen. Lohnt sich der Aufwand auch angesichts der Tatsache, dass mir ebenso geholfen würde wenn ich arbeitsunfähig wäre? Würde ich so niemandem einen Arbeitsplatz wegnehmen? Wer als arbeitsunfähig gilt, erhält eine Arbeitsunfähigkeitspension, ein Existenzminimum mit dem man überleben kann. Eine wunderbare Eichrichtung in zahlreichen Ländern Europas für all jene Menschen, die das brauchen.

Und genau darin liegt die Schwierigkeit. Denn wer entscheidet, ob ich arbeiten kann oder nicht? Welcher Sachverständige kann objektiv angeben, wie viel Aufwand betrieben wird, um mich arbeiten zu lassen? Nur ein am Menschen interessierter, denn objektiv und sachlich kann beides begründet werden, warum ich arbeiten soll und warum nicht. Es ist also auch eine Frage der Philosophie und des Wertes, den ich vom Sachverständigen bekomme. In meinem Fall wurde mir sogar nach Abschluss meines Studiums von drei Ämtern dringend abgeraten zu arbeiten. Nicht um an mir Kosten zu sparen, sondern aus der Sorge heraus ich würde es nicht durchhalten und anschließend zahlreiche soziale Nachteile haben. An sich eine nette Geste. Doch das Risiko wollte ich eingehen und tragen. Wie toll das klingt, ich trug das Risiko. Jeder Mensch mit einer Behinderung der mit fünfundzwanzig Jahren zu Hause bei seiner Mutter wohnt weiß, dass ich zwar das Risiko trug, meine Familie jedoch die Konsequenzen mittragen musste. Hätte ja auch schiefgehen können, dann hätte ich zahlreiche Besuche bei Ärzten, Ämtern und Behörden absolvieren müssen, um wieder finanziell versorgt zu sein. Diese Kosten und den Transport dorthin hätte wahrscheinlich meine Familie tragen müssen. Doch welcher nicht-behinderte Studienabsolvent trägt ein anderes Risiko?

Die Frage, wozu ich also wirklich arbeiten wollte, galt es zu klären.

Die Frage „Wozu arbeiten?" betrifft die grundsätzliche Einstellung zum Leben. Wozu Leben? Gut sein allein im Leben, das genügt nicht, man muss für etwas gut sein. Zumindest für einen Menschen. Geld zu verdienen, ist eine der Hauptmotive einer Arbeit nachzugehen. Ich denke aber, dass ich auch hier dem Konzept der Seele folgen muss und Arbeit als eine Möglichkeit ansehen muss, einen Sinn im Leben zu entwickeln. Ich will nicht nur überleben, sondern leben. Und dazu gehört eine Tätigkeit, eine Beschäftigung mit etwas. Das Problem nur zu arbeiten um Geld zu verdienen, liegt einerseits in der Abhängigkeit hiervon sowie in der Verbindung zwischen Arbeit und eigenem Wert.

Arbeite ich nämlich tatsächlich nur um Geld zu verdienen, so kopple ich meinen Wert an meine Arbeite. Damit ist dieser Wert in Gefahr sobald ich meine Arbeit verliere. Oder ich kopple meinen Wert an all jene Sachen, die ich mir kaufe. Die Seele will und muss sich aber bereits im Tun selbst zeigen können, nicht erst wenn Geld auf dem Konto ist. Arbeit muss gelebt werden können. Sich nur professionell zu verhalten und nicht persönlich, ergibt langfristig gesehen keinen Sinn. Jede Arbeit benötigt somit mehr als eine Beschreibung von Tätigkeiten, sie benötigt einen Wert und Inhalt, Freude und ein gewisses Maß an Freiheit. Freiheit sich entwickeln zu können und zu leben. Mit meiner Behinderung werden diese Notwendigkeiten deshalb klarer, da wesentlich mehr Aufwand nötig ist, damit ich überhaupt erst beginnen kann zu arbeiten. Dann erst, wenn dieser Inhalt und Sinn einer Arbeit vorhanden ist, machen Disziplin und Leistung Freude.

Den Sinn, den Inhalt und formale Kriterien werden zu Beginn einer Arbeit immer vom Arbeitgeber vorgegeben. Erst mit der Zeit bekommt man einen Einblick wie und weshalb gewisse Regeln, Normen und Werte bestehen. Dann muss man in gewisser Weise sein eigener

Chef werden und diese Werte vertreten. Nicht mehr des Arbeitgebers wegen, sondern weil man selbst eine Notwendigkeit erkennt Dinge zu tun und wird so sein eigener Chef. Vom Aufstehen am Morgen, Duschen, Frühstücken, sich gepflegt anziehen, rasieren, und pünktlich zur Arbeit kommen – all das muss von innen kommen auch ohne Kontrolle. Und weshalb? Weil man selbst es für sich wert ist. Weil es die Arbeit wert sein muss, sich anzusträngen und sich zu bemühen, weil es andere Menschen wert sind, dass man sich ansträngt. Gibt man sich selbst diesen Wert und nimmt man diese Mühen auf sich, so fällt es leichter mit anderen Menschen und Kollegen umzugehen. Nicht immer sind alle gleich gerne in der Arbeit. Manche Menschen gehen ungern zur Arbeit. Diese können einem leicht die Freude an der Arbeit nehmen. Leicht vor allem dann, wenn man sich dann zur Arbeit begibt, weil man seine Pflicht erfüllen muss. Jedes MUSS und jedes SONST in mahnender Stimmlage nimmt den Wert eines Menschen weg. Und damit hat sich jede Mühe des Aufstehens am Morgen und des Arbeitsweges nicht gelohnt. Der Wert dieser Mühe und die Freude auch weitere Mühen für die Arbeit auf sich zu nehmen, muss täglich neu gegeben werden. Er wird an Kleinigkeiten sichtbar, an der Körperhaltung und an der Mimik und Gestik, mit der man sich begegnet.

Wir leben in einer Dienstleistungsgesellschaft, in der die Leistung eines anderen Menschen eingefordert wird. Eine Forderung, die auf der seelischen Ebene nicht zu erfüllen ist. Zumindest nicht ausschließlich. Bei dem Beruf als Psychologe ist das besonders deutlich zu sehen. Wenn jemand zu mir kommt, dann mit der Forderung, dass ich ihm als Psychologe zuhöre und ihm helfe sich einzuschätzen. Das funktioniert jedoch nur, wenn dieser Mensch auch den Eindruck hat, dass ich ihn verstehe. Verstehe und nicht verurteile, und nicht schlecht mache und mit ihm schimpfe. Er fordert also auch Respekt, Aufrichtigkeit und Achtung. Das ist jedoch nur möglich, wenn ich ihn auch als Mensch, aus meiner Person heraus schätze – für das, was er ist, unabhängig davon, ob er Opfer oder Täter ist. Die Arbeit fordert also nicht nur Fachwissen, sondern auch Persönlichkeit in Form von Interesse und Wertschätzung und ist somit immer mehr als eine schlichte Einkommensquelle.

AUSBLICK AUF EIN ZIEMLICH GUTES LEBEN

Heutzutage ein gutes Leben zu führen, ist eine Frage der Balance. Ausgeglichen zwischen Beruf und Freizeit, Körperwahn und Ungepflegtheit, arm und reich, schnell und langsam. Ausgeglichen zu sein, ist jedoch insofern eine Herausforderung da die gesellschaftlichen Werte auf existentieller Weise eingefordert werden. Gelingt es also nicht in Balance zu leben, läuft man Gefahr ausgetauscht zu werden. Ausgetauscht nicht weil man schlecht ist, sondern einfach nicht mehr geliebt wird. Das kann innerlich einen gewissen Druck entstehen lassen, wertvoll zu sein. Doch mit Druck ausgeglichen zu leben, ist ein Widerspruch in sich. Diesen emotionalen Druck abzubauen, ist eine der Aufgaben von Psychologen. Eine Aufgabe die jeden Aspekt des Lebens betrifft, vor allem jedoch die Grundeinstellung gegenüber sich selbst.

Ein gutes Leben setzt voraus seinen Körper, Verstand und Gefühle kennen und kontrollieren zu können. Kontrolle ist nur möglich, wenn man sich selbst kennt. Sich selbst, wie man ist auch wenn Körper und Verstand nachlassen und man trotzdem gemocht wird für das, was ihn ausmacht, für seine Seele. Das Kennenlernen von sich selbst erfolgt durch Beziehung, durch andere Menschen, die einem zeigen, wie und wer man (auch) ist. Die Seele braucht Möglichkeiten zu zeigen, wer sie ist. Zu zeigen wer man ist, erfolgt durch den Körper, den individuellen Gang, Sprache, Intellekt, Geld, Beruf, etc. Die Herausforderung liegt darin, zu zeigen wer man ist und gleichzeitig geliebt und in der Gesellschaft integriert zu sein. In der Gesellschaft einen Platz zu bekommen, der mit Respekt und Achtung einhergeht.

Jeder hat eine Rolle zu erfüllen und gleichzeitig ein Lebensgefühl auszustrahlen das positiv optimistisch ist. Die Attraktivität und der Wert eines Menschen hängen mit dem Lebensstil und dem Körperbewusstsein zusammen. Wer Interesse hat an Kunst und Kultur, wer ausgeglichen ist und weiß was er will und wer sich Zeit nimmt, sich zu pflegen und den Körper zu trainieren, der ist gefragt. Ein Anspruch dem man nur gerecht werden kann, wenn man auf sich achtet. Ob Mann oder Frau, ob hetero-, homo- oder bisexuell – die Ansprüche an ein wertvolles gutes Leben sind die gleichen. Ein Mann ist nicht mehr nur der Erhalter einer Familie, den man achtet und der seiner Arbeit nachgehen kann. Er muss als Familienvater auf gleichberechtigte Weise für Haushalt und Kinder sorgen, wie seine Frau. Als Single muss er selbstständig sein und auf sich achten können. Die Vorbildwirkung und der Respekt kommen nicht automatisch, sondern wollen verdient sein. In jeder Beziehung. Und Beziehungen erfolgen anhand von Definitionen von Sexualität. Anziehend und erotisierend ist somit das Gesamtpaket des Lebens geworden und viel weniger ein einzelner Teilaspekt wie Geld, Intelligenz, Macht. Nur in der Ausgeglichenheit zwischen Arbeit, Freizeit und Zeit für eine Beziehung gilt Mann als wertvoll und damit als liebenswert. Eine Frau muss gleichzeitig arbeiten, den Haushalt führen, Kinder erziehen und ein Körpergefühl ausstrahlen das sexy ist. Ein positives Gefühl für den eigenen Körper entwickeln, sich darin sicher fühlen und Freude bei jeglicher Tätigkeit empfinden können. Das geht nur, wenn seelische Bedürfnisse befriedigt werden. Wenn Frau zeigen kann, wer sie ist und nicht eine Rolle spielen muss. Nur hierdurch wird der Körper individuell und erkennbar als gleichbleibend, trotz ständiger Veränderungen aufgrund von Gewichtsabnahme oder -zunahme und Veränderungen aufgrund des Alters. Nur wenn seelische Bedürfnisse befriedigt werden, fällt die Angst und

Unsicherheit nicht zu genügen ab, ausgetauscht zu werden gegen eine Schönere.

Ein gutes Leben zu führen, ausgeglichen zu leben, bedeutet einen Zugang zu seelischen Bedürfnissen zu haben. Das bedeutet zu erkennen, was man im Moment benötigt. Und die Seele benötigt immer Anerkennung und Würdigung für das, was man ist. Eltern müssen ihre Kinder anerkennen für das, was sie sind und erziehen damit sie die Balance zwischen Pflicht und Selbstverwirklichung erreichen können. Menschen in Führungspositionen müssen ihre Mitarbeiter anerkennen als die, die sie sind. Eigene und fremde Zeichen von Wertschätzung braucht jeder, ob Putzfrau oder Generaldirektor.

Seelische Bedürfnisse messbar zu machen, ist angesichts der Frage ob es überhaupt eine Seele gibt, eine komplexe Aufgabe. Ein gutes Leben, das Glück jedoch ist erfassbar: Es setzt sich aus dem Einfühlungsvermögen, dem Selbstwert und dem Mut zu scheitern zusammen.

Diese ach so große Erkenntnis ist in den Kleinigkeiten des Alltags erfüllbar. Kleinigkeiten die dem Verstand oft lächerlich erscheinen, für das Gefühl jedoch von großer Bedeutung sind. Die Psyche hat ihre eigene Mechanik, die dem Verstand nicht logisch erscheinen muss. Einen

Großteil des Tagesablaufes kann man oft nicht bestimmen, was getan werden muss. In die Arbeit, zur Schule oder Einkaufen muss man gehen. Jeder muss sich mit etwas beschäftigen. Beachtet man die Kleinigkeiten für sich selbst, so ist es möglich die Stimmung und Atmosphäre in der gearbeitet und die Pflicht erfüllt wird, beeinflussen zu können. Eine gute Stimmung ermöglicht erst, Mitgefühl und Wertschätzung für sich selbst und andere Menschen haben zu können. Erfährt man den Wert, den man sich wünscht, kann man auch den Mitmenschen Wertschätzung entgegenbringen. Kleinmachenden Gefühlen wie Neid und Eifersucht kann man nur mit Anerkennung und Wertschätzung begegnen, um so eine Großzügigkeit für die Eigenheiten anderer zu haben. Hierdurch gibt man sich selbst und anderen die Chance für ein ziemlich gutes Leben, das jeden Tag aufs Neue gelebt werden will.

LITERATUR

Bowlby John, *Bindung – Eine Analyse der Mutter-Kind-Beziehung.* Kindler Verlag 1982

Bowlby John, *Frühe Bindung und kindliche Entwicklung.* Ernst Reinhardt Verlag 2001

Erwin Wagenhofer, Sabine Kriechbaum und Andre Stern: *Alphabet: Angst oder Liebe* Ecowin Verlag 2013

Foa, Uriel G., Foa, Edna B.: *Societal structures of the mind,*

Oxford, England: Charles C. Thomas 1974

Georg Fraberger: *Ohne Leib, mit Seele,* Ecowin Verlag 2013

Gotthold Ephraim Lessing: *Die Erziehung des Menschengeschlechts und andere Schriften*

Reclam 2001

Josef Pieper: Über die Hoffnung, Hegner-Leipzig 1937

Levine Madeline: *The Price of Privilege: How Parental Pressure and Material Advantage Are Creating a Generation of Disconnected and Unhappy Kids.* Harper: 2008

Mary Main: *Desorganisation in der Bindung.* In: G. Spangler & P. Zimmermann (Hrsg.): *Die Bindungstheorie: Grundlagen, Forschung und Anwendung.* Klett-Cotta 1995

Nietzsche Friedrich, *Also sprach Zarathustra* Reclam 1986

Odenbach Karl, *Lexikon der Schulpädagogik* 1974

Rett Andreas, *Kinder in unserer Hand. Ein Leben mit Behinderten.* ORAC 1990

Schulz von Thun Friedemann, *Miteinander reden 1: Störungen und Klärungen. Allgemeine Psychologie der Kommunikation* 2010

William Glasser, *Choice Theory – a new psychology of personal freedom,*

Harper Perennial 1999